歴史文化ライブラリー

571

源頼家とその時代

二代目鎌倉殿と宿老たち

藤本頼人

吉川弘文館

目　次

源氏将軍家・北条氏関係系図

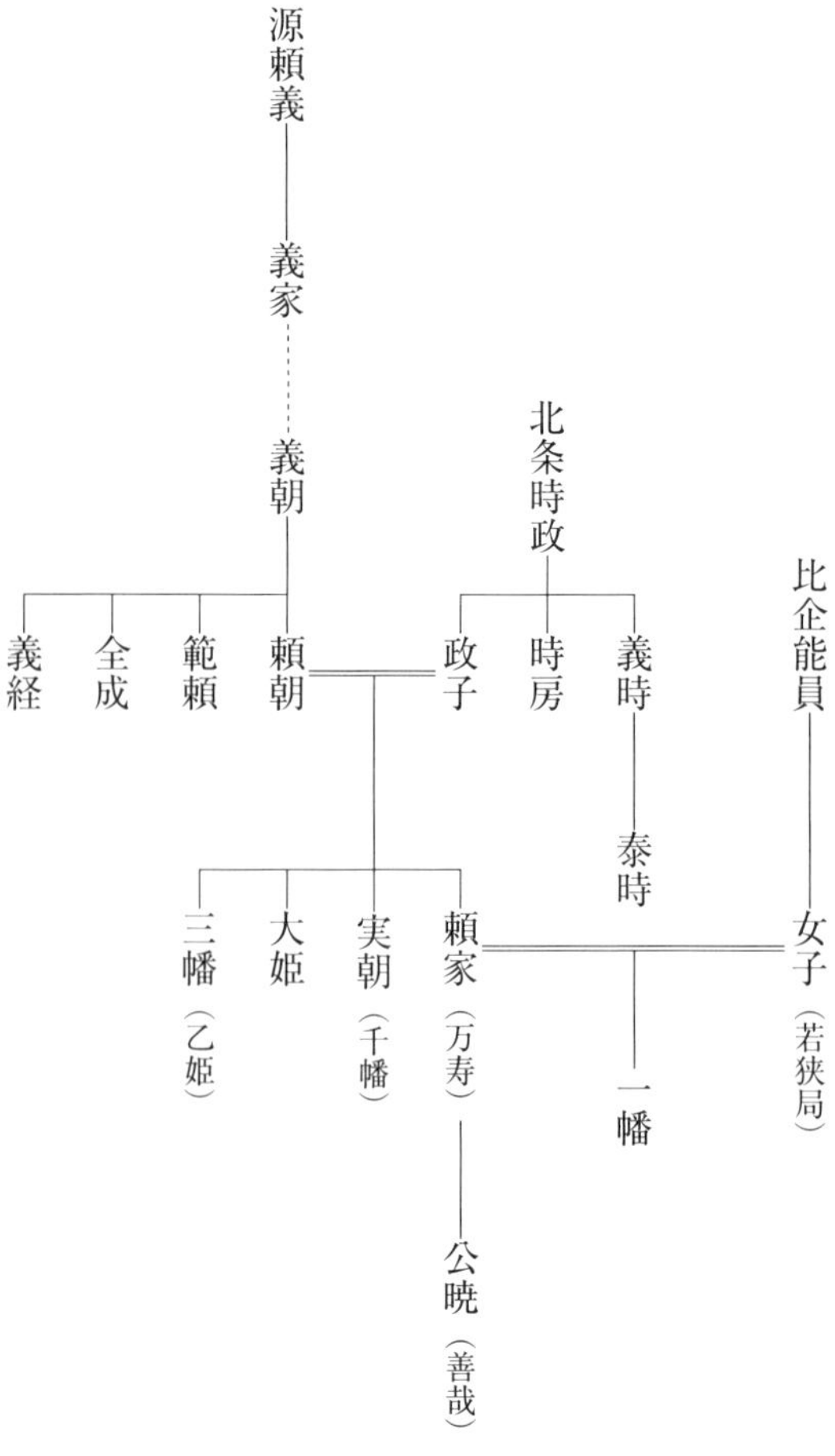

「暗君」の時代に切り込む——プロローグ

鎌倉幕府を築いた源頼朝《みなもとのよりとも》の存在感の大きさ、国民的な知名度に比して、その後の鎌倉殿《かまくらどの》（将軍）は著しく存在感が薄い。一般的には、北条氏《ほうじょうし》に実権を握られ、将軍とは名ばかりの存在だった、もしくは殺されたり、排除されたりと、そろって悲劇的な存在だったといった程度の印象であろう。

「脇役」の鎌倉殿

頼朝以後の鎌倉幕府といえば、通史的には執権政治《しっけんせいじ》、得宗専制《とくそうせんせい》という政治の展開を軸に、北条氏を中心に捉えていくのが基本で、本来幕府のトップである鎌倉殿は脇役に追いやられる格好となる。例えば、中学校の歴史的分野の教科書の本文で、頼朝以後の将軍に触れるのは少数で、高等学校の日本史でも、執権政治に関連して扱われる程度である。

もっとも、中学校の学習は我が国の歴史の「大きな流れ」をつかむことに主眼があり、高等学校の日本史探究（従来の日本史B）も、中学までの学習との連続性に配慮するから、こうした展開は、目的に応じた学習内容として無難なものといえる。ただ、そこから一歩踏み込んで、「大きな流れ」の一端をなす細部の脇役的要素に注意を向けて掘り下げると、その時代への理解はより深みを増す。同時に、オーソドックスな中心軸とは異なる位置から対象を見ていくことで、これまで見えてこなかったものが見えてきたり、同じ事象にも違った評価が出てきたりと、より立体的で豊かな時代像の構築にもつながるだろう。

本書では、「大きな流れ」をつかむ上では脇役の位置にある二代目鎌倉殿、源頼家《よりいえ》にスポットを当て、頼家本人とその周辺人物の生きた時代、すなわち、鎌倉幕府の成立から定着への過程を、やや異なる角度から眺めていきたい。

その頼家は、一般に鎌倉殿として不適格な「暗君《あんくん》」のイメージが定着している。

二代目はダメな奴!?

明治期の国定化以前の教科書では、小学校でも頼家期についていちおうの言及があったが、そこでの評価は、おおよそ「頼家 狂愚《きょうぐ》ニシテ、遊宴《ゆうえん》ニ耽《ふけ》リ、政事ヲ顧ミズ、政子《まさこ》、時政《ときまさ》、専ラ 政《まつりごと》ヲ決ス」（『校正小学国史』中）というものであった。常軌を逸した愚か者で、遊宴にふけって政務にきちんと取り組まず、母政子や外祖父時政が政治の実権を握ったということだが、これは戦後の通説的な評価とも大差ない。すなわち、明治期までに固まった評価が、大枠としてそのまま通用してきたといってよいだろう。

その「暗君」像のベースとなっているのが、基本史料たる『吾妻鏡《あずまかがみ》』（以下、『吾妻鏡』を典拠とする場合、日付・日条のみを注記する）の頼家将軍記である。頼家将軍記には、頼家の「失政」や「愚行」とも取れるような記事がかなり見られるが、それらによって構築された基本的イメージは、おおよそ次のようなものであろう。

父頼朝の急死に伴い鎌倉殿を継承したものの、独裁に走って頼朝の先例に反する失政を繰り返したため、北条氏を筆頭とする御家人集団の反発を受け、いわゆる「十三人の合議制」によって早々に実権を剝奪されると、取り巻きの近習《きんじゆう》たちと問題行動を重ねて孤立を深め、蹴鞠《けまり》や狩猟などの遊興にふけって政務もおろそかにした。結局、重病に陥ったのを機に比企《ひき》氏とともに排斥され、最終的には修禅寺《しゆぜんじ》に幽閉、暗殺された。

こうした頼家の「暗君」像につながるエピソードの数々は、歴史マンガ等でも好んで取り上げられ、そのイメージはより極端な形で固定化しやすい。と同時に、そうした「暗君」イメージの先行もあってか、研究上でもその存在は軽視されがちな状況にあった。

もちろん、通史的な概説・研究では頼家期も当然言及されることにはなるが、基本的には『吾妻鏡』上の著名な出来事をなぞり、北条氏による実権掌握の序章とされるのが普通である。すなわち、対抗馬と目された重要人物が次々と滅ぼされ、北条氏が主役に踊り出る過程が大きなテーマとなる一方で、頼家本人についての評価は厳しく、資質を欠く将軍として早くに実権を奪われたという理解から、その必然性に結びつく「失政」や「愚行」には着目するものの、政策面などに見るべきものはほとんど認められてこなかった。

こうした頼家の「暗君」イメージは、頼家将軍記中の挿話や評語から、鎌倉後期にはすでに形成されていたといえるが、その後かなり広く浸透していったと見られる。

中世の頼家像

例えば、南北朝期の『増鏡《ますかがみ》』では頼家について、「すこしおちいぬ心ばえ」があり、「日にそへて人にもそむけられゆく」と、その人望のなさを強調する。北条義時《よしとき》に至っては、父時政が勢力を強める中で、「左衛門督《さえもんのかみ》（頼家）をばふさはしからず思ひて、弟の実《さね》朝《とも》の君につき従ひて、思ひかまふる事などもありけり」という態度を示し、頼家と長子一《いち》幡《まん》の滅亡は、「実朝と義時と、一つ心にてたばかか」ったものとまで述べている。

後世の視点になり、事実関係に不正確な箇所も多い『増鏡』の描写は、そのまま信頼できるものではなく、頼家と義時の関係にしても、実際にはそこまで悪くはない。ただ成立が同時期に降る可能性もある流布《るふ》本系の『承久記《じようきゆうき》』でも、「フデウ（不調）ノ振舞《ふるまい》アルニ依テ、神明・仏陀ニモ放レ、人望ニモソムキケレバ」という具合で、かなり厳しい評価になっており、『増鏡』の描写も、南北朝期にある程度共通した認識に基づくものと思われる。

けれども、遡って『吾妻鏡』の成立以前、より同時代に近い著作を見ると、そこまでの「暗君」的描写には至っていない点も注意される。

頼家と同時代を生きた天台座主慈円《てんだいざすじえん》の『愚管抄《ぐかんしょう》』では、梶原景時《かじわらかげとき》の追放を失策と見なす程度で、頼家に対するマイナスイメージはさほど見受けられない。その情報源は頼家を支えた比企氏の縁者（糟屋《かすや》氏）とする見方もあり（永井二〇一〇）、頼家寄りの立場の情報が反映された可能性もあるが、それ以外の情報が全くなかったとも思えない。

また、承久の乱後さほど時を経ずに成立したとされる『六代勝事記《ろくだいしょうじき》』でも、因果にかけて抽象的にマイナス側面も語られてはいるものの、「左衛門督頼家卿、虎牙《こが》（将軍）職をつぎて狼戻《ろうれい》（道理に反する行為、狼藉）をしづむ。百発百中の芸に長じて武器武家の先にこえたり」とも述べているように、むしろ好意的ですらある。

一方、『承久記』でも古態とされる慈光寺《じこうじ》本では、頼家は「有若亡《うじゃくぼう》（能力不足、非礼）ノ人」で、「世ヲ世トモ治メ玉ハザリケレバ、母儀・伯父教訓ヲ加フレドモ用ヒ給ハズ」というようなマイナス評価が見られる。すなわち、鎌倉中期頃には頼家を暗君とする見方も現れており、そうした評価の広がりが『吾妻鏡』の編纂にも影響を与えただろう。それでも、後発の流布本のように、神仏にも見放されたというレベルにまでには至っていないことは、後からマイナスの内容が付け足されていった部分もかなりあることを示す。

とすると、現在知られる「暗君」としての頼家像は、後世に増幅された部分や、そうした描写からの先入観が作用したところも大きいといえるだろう。

見直される「暗君」像

もちろん、『吾妻鏡』の記述には問題が多いことは早くから意識され、北条氏を正当化するための曲筆《きょくひつ》も強調されてきた（原一九二九、八代一九一三など）。それでも、古く「世に伝えるが如くに暗愚なりしとは見えざれども」としつつも、若さゆえの「驕《きょう》気《き》」や圧迫への「反抗」から「没常識の甚だしき驚くに堪へたり」と評されたように（三浦一九〇七）、「暗君」の基本線は崩さずに論じられてきた。戦後になって頼家像の根本的な見直しが図られたこともあったが（龍一九五七）、その評価を一変させるには至らなかった。

だが近年になって、まず頼家と同様、長らく政治的には無力と評されてきた弟の実朝に対する見直しが進んで新たな評価が打ち出され（五味二〇〇〇ほか）、また、頼家・実朝期における幕府機構や合議のあり方が詳細に検証されるなど（仁平一九八九ほか）、頼家を取りまく研究状況も変化してきた。こうした取り組みにより、源氏将軍の政治的な存在感にも注意が向けられるようになり、通史的な叙述でも、通説的イメージのみに立脚せず、文化的な側面も含めた頼家期の意義を通観するスタイルのものが出てきている（川合二〇〇九）。これらの動向に学びながら、頼家期について、「暗君」という固定観念に縛られずに掘り下げた分析を進めることで、その時代の新たな側面も見出し得るだろう。

『吾妻鏡』をどう読むか

その際、重要な問題となるのは基本史料たる『吾妻鏡』の頼家将軍記の扱いである。頼家将軍記には、頼家に対して批判的と取れる記事や、北条泰《やす》時《とき》や政子を対比的に顕彰したような記事も目立ち、北条氏を正当化する立場からの曲筆や捏造《ねつぞう》が疑われているものも少なくない。その当否も含めて、入念な史料批判が求められるところである。

ただし、ここでいう史料批判とは、疑義のある記事をそのまま曲筆・改竄《かいざん》と断じて切り捨てたり、北条氏に都合が悪い事実は載せずに隠蔽したと決めつけたりすることではない。また、最近の国文学研究に顕著な、泰時との対比を目的に頼家を「悪王」として造形する全体の「構想」を前提として記事に当たること（藪本二〇二一など）とも異なる。

実際、頼家将軍記でも頼家を「悪王」として描くことを意図していない記事は多い。例えば正治《しょうじ》二年（一二〇〇）、奥州の謀叛追討に活躍した工藤行光《ゆきみつ》の郎従を御家人に抜擢しようとしたが、彼らを必要とする行光の言に感じて撤回し、行光に盃酒を与えた話や（同年十月二十二日条）、奥州に追放された父の行方を尋ねて京都から下向した舞女微妙《びみょう》の訴えを慮《おもんばか》り、早速捜索のため使節の派遣を検討させた話など（建仁二年三月八日条）、むしろ頼家にかかる美談といえる挿話の存在も知られている。これらは、少なからず存在する穏当な記事とともに、個別の事象単位で「悪王」としてのイメージに基づく描写がなされた箇所があったとしても、それが頼家将軍記あるいは『吾妻鏡』全体を貫く「構想」とまではいえないことを裏づけている。

現実に存在したとはいえない「構想」なる枠組を前提とすることは、必要以上に「悪王」の先入観に引きずられた解釈や評価を導きかねない。そうしたフィルタを介さずに史料にあたっていくことも、重要な姿勢であろう。

むしろ注意すべきは、『吾妻鏡』の編纂物としての性格である。十三世紀末ごろの編纂といわれる『吾妻鏡』は、多様な原史料を用いて記事が立てられ、その事項について編者サイドで独自に整理・評価した記述も多い点を踏まえ、記事にあたる必要がある。

そこで求められる史料批判とは、現に存在する記事について、どのような情報源をどのように扱って成り立っているのかを検証して記事の質を見極め、その情報を適切に活用しうる状態にしていく作業ということになる。そのための重要な柱となるのが、『吾妻鏡』の史料論でも古くから重視されてきた、原史料論と諸本論である。

原史料を考える

『吾妻鏡』の記事の原史料を考える手がかりとして注目されるのが、日条ごとの天候記載の有無である。『吾妻鏡』には天候記載のある日条、ない日条が混在するが、天候記載があれば、原史料には当日の天候の情報が備わったもの、すなわち当時の日記類が想定されることになる（高橋秀樹二〇〇六ほか）。その場合、その記事は同時代の情報に基づくと考えられるから、記述内容の信頼度も高まることになる。逆に天候記載がない場合、原史料には天候の情報がないもの、例えば文書や編纂物など、日記以外の文献に拠った可能性が高くなる。頼家将軍記は全体の半数近くに天候記載が伴っており、天候記載を持つ日が極端に少ない頼朝将軍記に比して、日記類の比重が大きい点が注目される。

ただし、頼家将軍記でも前半と後半では天候記載を伴う日条の割合が大きく異なり、時期によって原史料の質がやや異なるようである。また、京都の情報については『明月記』をはじめとした公家の日記を用いたと見られる記事もあり、さらに天候を伴う日条でも、複数の話題によって構成されたり、一つの話題に複数の典拠を組み合わせていたりする場合もある点にも注意しなければならない。天候記載の有無は重要な目安にはなるが、日条全体の原史料を確定するものではないから、そこから細部にわたる検証が必要となる。

一方、天候記載のない日条については、原史料の候補となる文献は多様になる。例えば、日記などの記録から特定事項に関する情報を抽出した部類記など二次的な記録類、幕府で保管された文書や法文、寺社や個別の御家人に関する文書や由緒書、編纂当時流布していた説話・伝承の類などが挙げられる。これらは、当時の文書や二次的な記録類のように、同時代の情報がある程度反映されたものもあれば、後世の視点・感覚に基づくものや創作色の強いものもあるから、文脈ごとに記事の質の見極めが特に重要になる。

いずれにせよ、それぞれの記述が、同時代の史料に基づくといえるのか、もしくは後発の文献や言説に基づくのか、あるいは編纂時点での感覚によっていたり、文飾が施されたりするものなのかをよく吟味した上で、議論の俎上《そじょう》に上げていくことが求められる。

諸本への視座

こうした史料批判に基づいて当該期への分析を充実させるには、テキストの確度を高める作業も必須である。特に現在まとまった形で伝わる『吾妻鏡』の諸本（北条本、吉川《きつかわ》本、島津本など）は、いずれも多様な系統の写本を取り合わせた集成本であり、巻によってテキストの質が異なる場合もあるため、個別の写本に立ち返った上で、巻または年単位で諸本を比較し、より確度の高いテキストの情報を基礎に進められるべきである。

頼家将軍記の場合、前半の正治年間については、情報量とテキストの状況から、現存する漢文写本の中では吉川本が最善本と見なされる。一方、後半の建仁《けんにん》年間は、いずれの本も誤脱がかなり目立ち、テキストの質が下がるため、相互に補完しながら用いていく必要がある。ただ、近世の仮名本ながら、この範囲について現存の漢文写本よりも良質のテキストを底本に用いた南部《なんぶ》本（八戸市立図書館蔵）を通して、既知の漢文写本に共通する誤

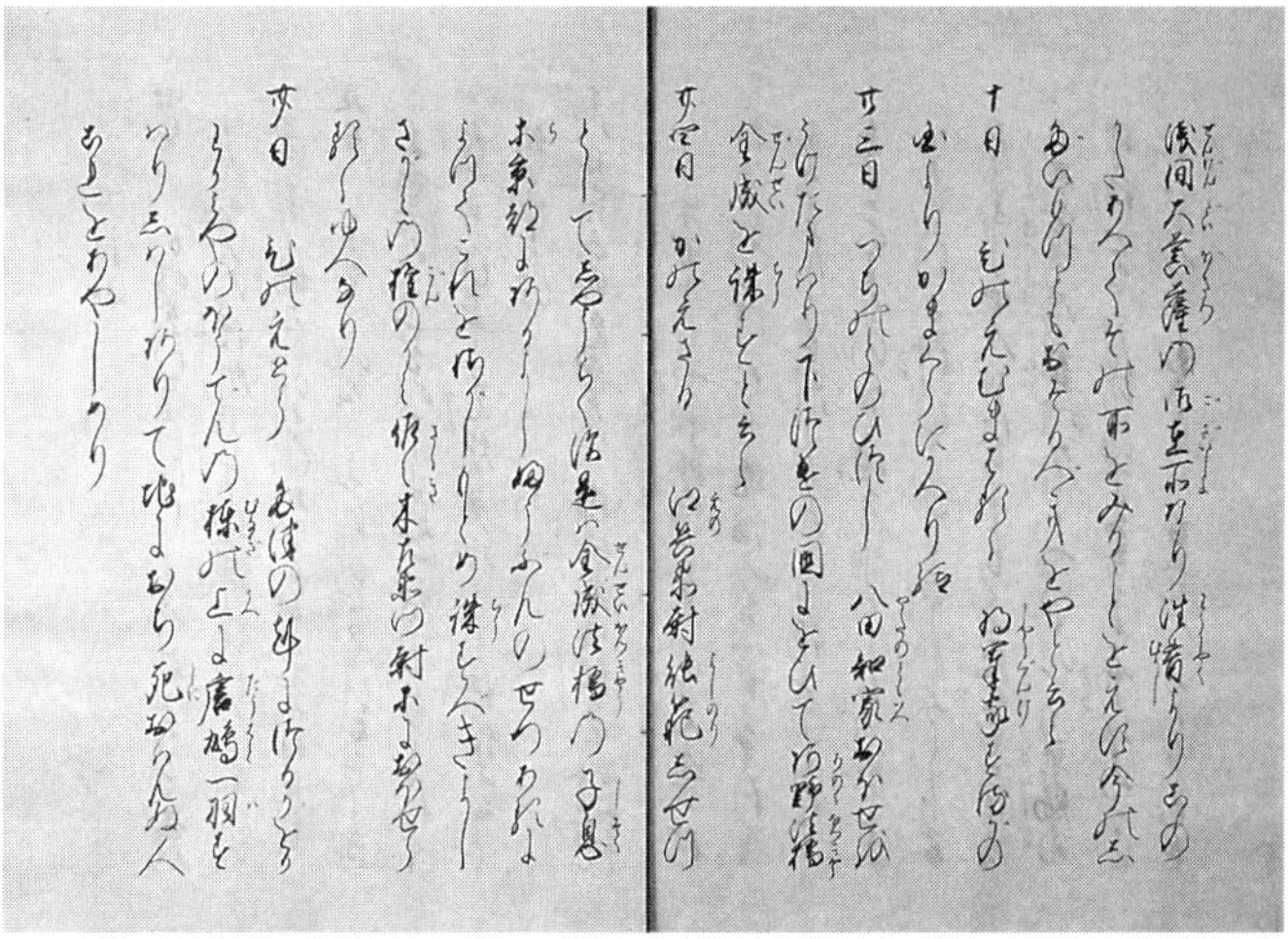

図１　南部本『東鏡』建仁３年６月24日条（八戸市立図書館所蔵）

脱をただし、テキストの確度を引き上げていく道も開かれている（藤本二〇二二）。

そこで本書では、吉川本をベースに諸本への目配せも重視した『新訂吾妻鏡』（和泉書院刊）を主たるテキストに、必要に応じて南部本の情報も用いていくことにする。

文書史料からのアプローチ

頼家の時代は、基本的には『吾妻鏡』に沿いつつ、公家日記や『愚管抄』などを補完的に用いて叙述されるのが普通で、少数ながらも残されている文書史料にはあまり注意が向けられてこなかった。これには、幕府文書研究において、頼家期の文書についてはごく最近まで手つかずに近い状態にあったことも関わっていると思われる。

だが、当該期の幕府を読み解くにあたり、

残された文書史料が語ってくれることも少なくないはずである。現存する頼家関係の文書は案文《あんもん》・写《うつし》も含めて十数通程度と少なく、その体系化も困難ではあるが、それでも最近になって整理が試みられるなど（森二〇一九）、ようやく緒についた段階にあり、活用の環境・条件も備わりつつある。

また、後代の訴訟文書などには、頼家期の発給文書を引用したり、頼家期の手続きに言及したものもそれなりに見られる。それらの情報も、文書の残存数の希少さを補強し、頼家期の実態を考える上で貴重な材料といえる。

これらの文書史料の積極的な活用を通して、基本史料たる『吾妻鏡』の記事を相対化し、頼家の時代を多角的に捉えていくことが可能になるだろう（以下、文書を典拠とする際、『平安遺文』所収文書は「平〇〇」、『鎌倉遺文』所収文書は「鎌〇〇」と文書番号で略記する）。

一方、『吾妻鏡』の記事にも、文書の存在が明記され、その内容が引用されたものをはじめ、文書が原史料と想定される記事が少なからず存在する。こうした記事を文書の視点から読み解いていくことで、新たな発見や評価が生まれてくる可能性も期待できる。

本書で用いるのはほとんどが既知の史料である。だが、そこから引き出せる情報はまだ多い。これまで通説や先入観の陰に隠れて埋もれていた情報を、丹念に拾い上げていく作業もまた一興である。

東国の「王」の後継者

頼家誕生の描かれ方

源《みなもとの》頼家《よりいえ》の誕生から成長の過程は、まさに鎌倉幕府の成立過程と並行する。まずは幕府の成立とともに、頼家の誕生から成長の過程を追っていこう。

東国の「王」＝鎌倉殿の誕生

治承《じしょう》四年（一一八〇）八月、伊豆に流されていた源頼朝《よりとも》が挙兵した。石橋山で平氏方に敗れたものの、やがて体勢を立て直し、南関東諸国を制圧して鎌倉に入った。その後、頼朝は富士川で敗走した平氏軍を追っていったん京を目指そうとするが、東国武士たちの諫言を受けて東国を固める方針に転じ、鎌倉に拠点を据えることとなった。

そして十二月十二日、大倉《おおくら》に新築した御所に移った頼朝は「鎌倉主《ぬし》」として推戴《すいたい》された。東国の「王」たる鎌倉殿《かまくらどの》の誕生である。鎌倉を拠点に、御恩《ごおん》と奉公《ほうこう》の関係で結ばれた鎌倉

図２　妙本寺祖師堂（神奈川県鎌倉市）

殿と御家人によって構成される東国の政権の成立は、後の鎌倉幕府の根本が形成されたことをも意味しており、幕府の成立過程における最初の重要な画期となる。同時に、その「王」の子は、当然ながら鎌倉で生まれ育つことになる。

若君誕生

寿永《じゅえい》元年（一一八二）の春、頼朝の妻政子《まさこ》が懐妊し、三月九日に着帯《ちゃくたい》の儀が行われた。出産が近づいた七月十二日には、産所に定められた比企谷殿《ひきがやつどの》（武蔵北部の有力武士比企《ひき》氏の居館とされ、現在の妙本寺《みょうほんじ》の地が旧跡と伝えられる）に移った。

そして八月十一日の夜、政子が産気づくと頼朝も比企谷殿に赴き、御家人たちも群集して種々の祈禱も行われる中、翌十二日の酉刻《とりのこく》、無事に男子が誕生した。後の頼家である。同日戌刻《いぬのこく》には、武蔵国衙《こくが》の有力者河《かわ》越《ごえ》重頼《しげより》の妻が参入し、乳付《ちつけ》の儀が行われた。

　鎌倉は早速祝賀ムードに染まり、翌十三日には御家人たちから護刀《まもりがたな》や馬が献上され、十四日以降は若君誕生を祝う産養《うぶやしない》の儀礼が行われた。その後、十月十七日に政子と頼家が産所を出て御所に入ったところで、頼家関係の記事はしばらく途絶えることになる。

　このように、初期の『吾妻鏡《あずまかがみ》』における頼家に関わる記事は、生誕儀礼に特化した内容が軸になる。おそらく、当時の記録などをもとに、鎌倉殿の子女の誕生儀礼の先例となるべき情報をまとめた文献が原史料になったと見られるが（高橋秀樹二〇一二）、頼家の誕生儀礼は、その後の武家における儀礼の先蹤《せんしょう》として、詳細に伝えられたのだろう。

　ところで、『吾妻鏡』には、政子の懐妊と頼家の誕生をめぐってさまざまな動きが盛り込まれている。それらはこの出来事が『吾妻鏡』上でどのように位置づけられたのか、あるいは東国社会でどのような意味を持ったのかといった問題を考える材料として興味深い。

懐妊の風聞に絡む虚構

　まずは、政子の懐妊が初めて話題に上った場面を見てみよう。

平氏方にあった伊豆の有力武士伊東祐親《いとうすけちか》は、富士川の戦い後に捕えられ、婿の三浦義澄《みうらよしずみ》に身柄を預けられていたが、政子懐妊の風聞を知った義澄が、これに乗じて祐親の赦免を頼朝に願い出ると、頼朝は「恩赦《おんしゃ》」することを決めた。ところが、その旨を伝えられた祐親は、「前勘《ぜんかん》（以前の咎《とが》）」を恥じて自殺してしまったという（寿永元年二月十四日条）。

話題の中心は祐親の最期であり、政子の懐妊自体を記録したものではない。着帯以降の一連の儀礼とは異質な記事であり、当然、情報源も異なるだろう。と同時に、この話の続きの部分には大きな問題があり、その信憑性については根本的な検証が必要である。

祐親の自殺を知った頼朝は、その子九郎（祐清《すけきよ》）を呼んで抽賞《ちゅうしょう》しようとしたが、祐清は父への孝行の思いからこれを辞退して身の暇《いとま》を願ったため、頼朝は心ならずも祐清を誅殺した。人々は祐清の孝行の志を「美談」としたという（二月十五日条）。

ところが、この「美談」は富士川の戦い後、祐親が捕えられた場面にも「九郎祐泰《すけやす》」の名で重複して収められており、しかもそこで「祐泰」は放免され、平氏軍に加わるため上洛したとするのである（治承四年十月十九日条）。実際に、祐清はその後、平家方として北陸道で討たれているから（建久四年六月一日条）、政子の懐妊に際して誅殺されたとするのは事実に反する。

とすると、その前提となる祐親の最期にも疑いの目を向けざるを得ない。祐親の最期は他に軍記類で言及される程度だが、それらは一致して富士川の戦い直後に配置する上に、赦免に関する内容もない。例えば、『曽我物語《そがものがたり》』では義澄を通じて頼朝から召し出された祐親が、「前日の罪科遁《のが》れ難し。その上参りたらば、首をぞ召されむずらむ」と言って自害し、その後頼朝が「九郎助長《すけなが》」（＝祐清）に自分に仕えるよう命ずると、「助長」は自分は不忠の敵人の子であり、あの世で父を支えたいから「今度の御芳恩《ほうおん》には早々に首を召さるべく候」と自ら誅殺を求めたが、頼朝は「死なう死なじは汝が計《はか》らひ」と言って放免したという流れになっている（『曽我物語』真名《まな》本、巻第三）。展開としてはこちらの方が自然であり、祐親の死は治承四年の出来事であった可能性も排除できないだろう。

こうした異同は、祐清の孝行の志にまつわる「美談」が早くに伝承化し、多様なバージョンが存在していたことを示す。登場箇所や典拠によって彼の名が異なるのも、それぞれが別ルートで伝わったことを意味するだろう。寿永元年二月のこととされた話も、そのうちの政子懐妊に絡むバージョンの伝承に依拠したか、編纂サイドが独自にアレンジしたか、いずれにせよこの日の事実を記録したものとは認められない。

頼朝と伊東氏・北条氏

とはいえ、ここで政子の懐妊と伊東父子の滅亡がセットになっている点は、注目する意義があるだろう。そこで、政子懐妊の風聞を知った三浦義澄が、舅の祐親の赦免を頼朝に願い出て認められたが、結局父子ともに命を落とすという話の筋に注意してみたい。

祐親が捕えられると、義澄は頼朝に願い出て身柄を預かったという（治承四年十月十九日条）。当時、囚人の身柄は所縁のある者に預けられることが多く、その後、預人《あずかりにん》の尽力で赦免に至ることも少なくなかった。他の文献でもこの件に義澄が絡む点は共通しており、義澄が舅祐親の身柄を預かり、その赦免を目指したことは事実と見てよいだろう。

そして、義澄は政子の懐妊という慶事に乗じて祐親の赦免を願い出たというが、先述の通りこの部分は事実でない可能性がある。ただ、義澄が囚人を預かった際、その赦免のために奔走した事例は他にも知られており（文治五年正月十九日条）、ここでの話が事実ではなくとも、実際の義澄の行動をモデルに話が作られたという想定はできそうである。

一方で問題なのは、この場面であえて伊東父子が登場し、ともに命を落とすという、事実とは異なる設定である。

祐親のいう「前勘」とは、頼朝の流人時代の出来事を指すと思われる。伊豆に流された頼朝は、祐親の庇護・監視下にあったところ、祐親の娘をみそめて男児を儲けたが、それを知った祐親が平氏への体面をはばかり、その子を殺させてしまったという（『曽我物語』真名本、巻第二ほか）。『吾妻鏡』には直接的な言及はないものの、かつて祐親が頼朝を討とうとした際、祐清が密かに危険を知らせ、頼朝が命拾いしたとする話（治承四年十月十九日条・寿永元年二月十五日条）は、この一件に関わる可能性がある。

そしてこの後、頼朝は伊豆の「豪傑」といわれた北条時政《ほうじょうときまさ》の保護を受け、今度は時政

図３　明治初年の若宮大路（『ザ・ファー・イースト』より）

の娘＝政子と結ばれることとなる。そうした経緯を踏まえると、頼朝の人間関係を変えたこの騒動は、頼家の誕生に結実する重要な伏線として意識されたのではなかろうか。と同時に、政子の懐妊という頼朝と北条氏の今後の繁栄を予告する出来事に、祐親の自害、祐清の誅殺という伊東氏の衰亡を並べることで、対比的に強調したとも取れるだろう。

ただ、それのみが目的であれば、義澄が赦免を働きかけ、頼朝も応じる話までは必要ない。すなわち、この描写には他にも重要な意味が隠されていそうである。そこで、政子の懐妊に絡む他の動向にも注意してみよう。

若宮大路の造成

政子が着帯すると、頼朝は鶴岡八幡宮《つるがおかはちまんぐう》から由比浦《ゆいのうら》にのびる参詣道を造成した（寿永元年三月十五日条）。

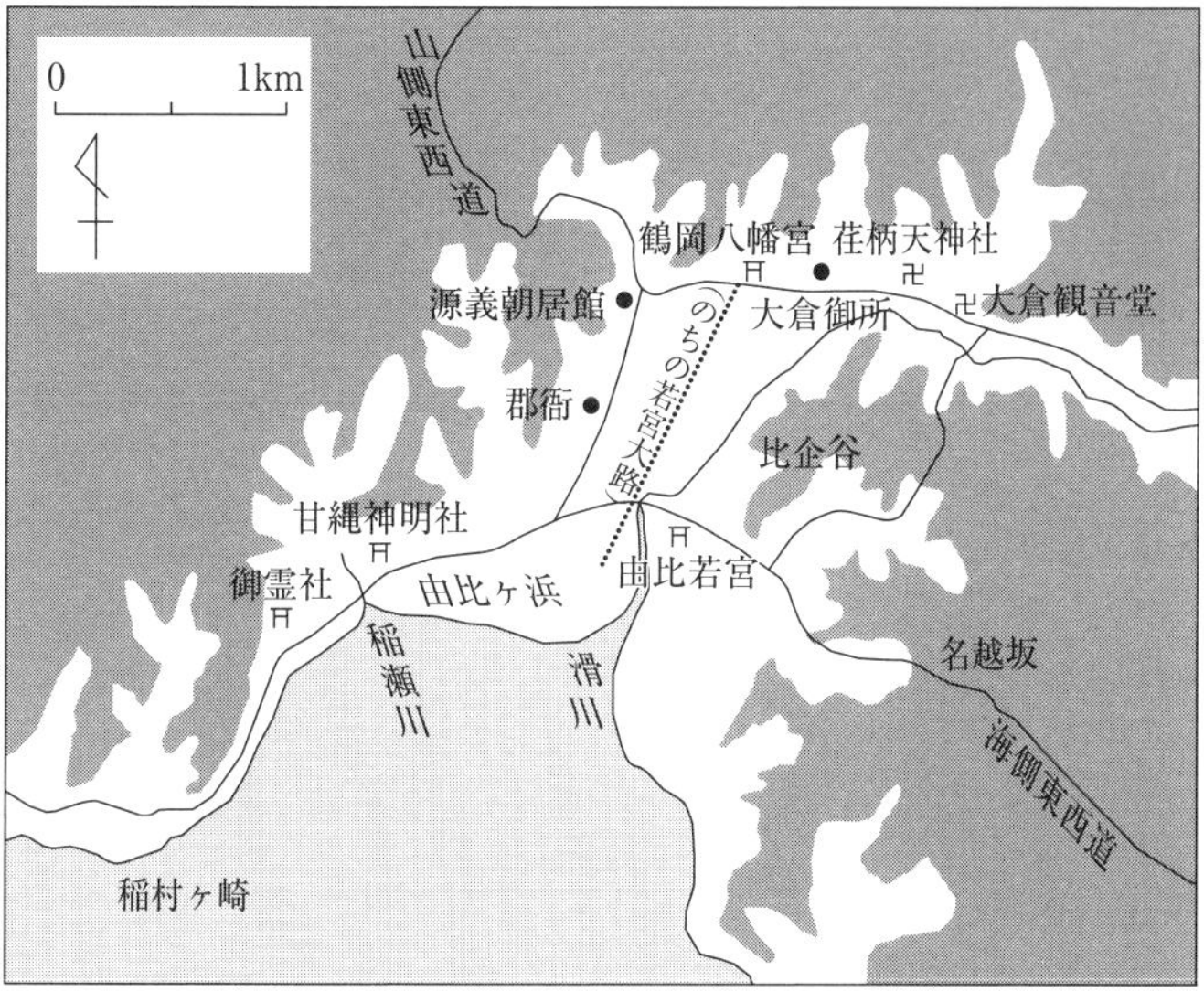

図4　頼朝入部前後の鎌倉概略図
（出典）　高橋慎一朗『武家の古都，鎌倉』（山川出版社，2005年）をもとに作成．

これが現在の鎌倉のメインストリート、若宮大路《わかみやおおじ》の始まりとなる。

もともと鎌倉は、古代には郡衙《ぐんが》が置かれるなど（今小路《いまこうじ》西《にし》遺跡が郡衙跡に比定される）、頼朝の鎌倉入り以前から地域の中心地としての役割を果たしていたが、その交通路の主軸は、鎌倉の南側・北側を横断し、海上経由で房総方面にも接続する二本の東西道路で、若宮大路の位置には、「大路」と呼べるような道は存在していなかった。

鎌倉に入った頼朝は、もと海側の東西道沿いにあった八幡宮（由比若宮）を山側の東西道沿いに移し、鶴岡八幡宮を造営した。頼朝はさらに、その参詣路を整備したいと考えていたが、政子の懐妊という機会を得て、祈禱のためにこれを実行に移したのだという。

中世社会では、道路や橋などの交通施設の整備・維持は、宗教者が勧進《かんじん》により人々から喜捨《きしゃ》を募って行われることも多く、造寺・造仏と同質の宗教的作善《さぜん》として認識されたことが知られている。鎌倉期の若宮大路は、メインストリートと呼ぶにふさわしい規模を持ちながらも、日常の生活にはあまり直結しない、宗教的・儀礼的な参詣路として機能したとされており（高橋慎一朗二〇〇五）、宗教的作善としての道路建設のうちでも、よりダイレクトにその意味合いが表現されている。すなわち、政子の安産を願う頼朝にとって、この事業はまさに祈願成就のために功徳《くどく》を積む、作善の営みに他ならなかった。

こうした道路建設＝宗教的作善による安産祈願を念頭に、話を祐親の一件に戻そう。

「功徳善根」としての恩赦

政子懐妊と祐親の赦免との関係を考える上で参考になりそうなのが、次の事例である。

『平家物語』諸本には、治承元年、いわゆる鹿ヶ谷《ししがたに》事件で鬼界島《きかいがしま》に流された藤原成経《なりつね》・平康頼《やすより》が、翌年、高倉天皇の中宮徳子《とくこ》（建礼門院《けんれいもんいん》）の懐妊に際し、「非常ノ大赦」により召還された話が見える。そこで語られた赦免に至る経緯は興味を引く。徳子の懐妊が明らかになると、成経を婿とする平清盛《たいらのきよもり》の弟教盛《のりもり》は、御産の祈禱として行われるべき攘災《じょうさい》は「非常ノ大赦」に勝るものはなく、成経の召還ほどの「功徳善根」は他にないと、清盛の長子重盛《しげもり》にとりなしを依頼した。重盛は清盛に、徳子の御産の祈禱のために大赦を行い、成経をその対象に入れることで、御願の成就、すなわち皇子誕生と平家一門の栄華は疑いないと持ちかけると、清盛もこれを容れて、「中宮御産ノ御祈《おいのり》ニヨリテ、大赦行ハルベシ」と朝廷に申し入れたという（『延慶《えんぎょう》本平家物語』第二本）。

この成経召還の話は、主君の妻の懐妊に乗じて舅の赦免を願い出た義澄、それに応じて「直に恩赦」すると決めた頼朝の行動とみごとに重なる。とすると、祐親の話も、処罰対象者への恩赦が男子誕生の念願を叶え、家門《かもん》の繁栄をもたらす「功徳善根」とする考えに基づいた、安産祈願の要素が加味された挿話と解釈できよう。

皇子誕生に対応した構造

やや回り道をしたが、祐親赦免の話に安産祈願のための「功徳善根」の要素が含まれたとすると、その設定の意味するところが問題となる。

先の成経らの召還は、「中宮御産の御祈」のための「非常の大赦」とされていたが、朝廷では皇子・皇女の誕生に際して、祈願のため恩赦が行われた事例は少なくない。そして、こうした形での祈願が可能なのは、まさに「王」たる存在に限られるといってよい。

とすると、政子の懐妊に伴う祈願として頼朝が祐親を「直に恩赦」するという設定は、鎌倉殿を京都の天皇と並ぶ東国の「王」と見なし、その子の誕生も皇子の誕生に准《なぞら》えようとしたとは読めないだろうか。その可能性を視野に入れて、頼家誕生に関わる一連の儀礼を見ると、天皇家を頂点とする貴族社会の方式をかなり意識した印象を受ける。

例えば、着帯の儀は天皇家では吉日を選び、「親昵《しんじつ》の人のうち、その憚《はばか》りなき」者が選ばれて帯を進上し、父親が結ぶのが基本とされるが（『御産部類記《おさんぶるいき》』）、ここでは進上者には頼朝が父とも慕う千葉常胤《ちばつねたね》の妻が選ばれ、頼朝自身が帯を結んでおり、この方式に対応したものと理解される。また、出産直前の八月十一日には伊豆山《いずさん》・箱根や近国諸社に奉幣使《ほうへいし》が派遣されたが、平安末期の天皇家では后妃の出産が近づくと、石清水《いわしみず》・賀茂《かも》をはじめとした十社への奉幣が行われており（同右）、それとの対応が見て取れる。

さらに、一連の誕生儀礼も、邪気を払う鳴弦《めいげん》や引目《ひきめ》の儀、産養の儀礼など、基本的には貴族社会の方式に即して進められている。特に出産のあった八月十二日条には、出産、乳付の時刻が見えるが、天皇家や貴族の家では、出産の時刻に基づいて乳付などの諸事を執り行うべき日時の占い、勘申《かんじん》が行われており、出産に際して時刻は記録されるべき重要な要素であった。政子の出産についても同様な手続きで進められ、出産や乳付の時刻を記録する必要が意識されたのだろう（高橋秀樹二〇一一）。

鎌倉では頼朝時代から、日食や月食の際、天皇の場合と同様に、将軍の御所を裹《つつ》んでその身体を守る行為が意識されたと見られることから、将軍（鎌倉殿）を東国の「王」として、天皇と同等に扱おうとする慣行があったと考えられている（黒田二〇〇九）。とすると、頼家誕生にかかる一連の動きが、天皇家の皇子誕生との対応を意識したとも取れる点は重要である。まさに東国の「王」の子息誕生にふさわしい形が求められたといえよう。

若君誕生と東国社会

頼家の誕生をめぐっては、儀礼面では貴族社会の方式を取り入れ、天皇家の皇子の生誕との対応を意識するように、虚実織り交ぜつつ東国の「王」の後継者誕生として扱われている点は興味深い。だがその一方で、儀礼の内容には独自の方式も随所に見られ、京都の方式がそのまま受容されたわけではない点も注意される。

東国流の誕生儀礼

新児の生誕を祝う産養は、貴族社会では誕生から三日目以降の奇数日に催されるのが例で、特に七日目の七夜《しちや》が重視されて盛大に行われた。頼家の場合も、三夜から九夜の儀が行われ、七夜は特に詳述されているところを見ると、基本的には貴族社会の方式に即して進められたといえる。だがその担い手には、貴族社会とは異なるあり方も認められる。

天皇家の産養は、おおむね三夜は母、五夜は祖父（外祖父）、七夜は父、九夜はしかるべき近親者が主催した（宮内庁二〇一二）。また、貴族の家でも基本的には新生児の身内にあたる者によって担われたようである（『栄花物語』巻第三など）。

これに対して頼家の場合、三夜が小山朝政《おやまともまさ》、五夜は上総介広常《かずさのすけひろつね》、七夜は千葉常胤、九夜は外祖父の北条時政によって担われている。すなわち、九夜の時政を除いて誕生した子やその母と血縁的な関係はなく、頼朝に従った関東でも筆頭格の国衙在庁層が、主君の子息誕生を祝うため、その費用負担を奉仕する形で催されているのである。

彼らは頼朝期、年始の椀飯《おうばん》（饗応の儀礼）の沙汰人《さたにん》（費用負担者）にも名を連ねる重臣で、初期の幕府で軍事的・経済的に頼朝を支えた「宿老《しゅくろう》」であった（高橋慎一朗二〇一六b）。すなわち、頼家の誕生儀礼でも彼らが中心的役割を果たす構図が見て取れるが、このことは、彼らが誕生した頼家を支える中核となるべき存在でもあったことを示すだろう。

また、出産時の鳴弦・引目の役も、上総国衙の有力者である広常のほか、武蔵国衙に連なる秩父平氏の師岡重経《もろおかしげつね》、相模の有力武士大庭景義《おおばかげよし》といった名が見え、やはり各国の有力者層によって担われている。鎌倉殿の子息の誕生儀礼は、頼朝と各国の有力武士たちとの関係を象徴づける意味でも重要であった。

誕生の翌日、頼朝の命を受けた武士たちが「代々の佳例《かれい》」に基づいて護刀を献じたところにも、同様な対照が窺える。献上者に名を連ねる宇都宮朝綱《うつのみやともつな》・畠山重忠《はたけやましげただ》・土屋義清《よしきよ》・和田義盛《よしもり》・梶原景時《かじわらかげとき》・同景季《かげすえ》・横山時兼《よこやまときかね》の七人は、各国の国衙や一宮《いちのみや》と結びついた者たちで、先の産養を担った面々に次ぐクラスの有力者と目される。

護刀献上の記憶

天皇家では皇子誕生の折、父の天皇や祖父の上皇から御剣《みはかし》が与えられ、貴族の家でも父親が護刀を与えた例が見えるが、鎌倉ではこれに対応しそうな部分が、有力御家人による献上の形になっている。やはり東国独自の方式といってよいだろう。

ただ、拠るべき先例のない鎌倉殿の子息誕生に際し、「代々の佳例」により護刀が献上されたというのは不審である。また、献上者のうち土屋義清は建久《けんきゅう》元年（一一九〇）以降の官途（兵衛尉《ひょうえのじょう》）で表記され、鳴弦役の師岡重経が頼家誕生以降に任官した兵衛尉とある点などと合わせて、頼家誕生時点の記事として疑念があるという（野口二〇一三）。

この点を解く手がかりとして、『小野系図』（『続群書類従』第七輯上）中の武蔵の有力武士横山氏に関する記載が参考になる。ここには、献上者の一人横山時兼の項に、『吾妻鏡』とほぼ同内容の頼家誕生記事が見えるが、さらに父頼朝や先祖の義家《よしいえ》の誕生時にも、横山氏の人物が鳴弦や引目の役を勤め、数名の東国武士が護刀を献上したことを特記し、源氏の棟梁《とうりよう》の誕生時に代々行われてきた慣習であるかのような体になっている。

　頼家誕生時の護刀献上については、複数の典拠でおおむね一致した内容になり、また弟実朝《さねとも》の誕生時にも同様に行われていることから（建久三年八月九日条）、基本的に史実と見なしてよいだろう。それに対して、頼朝や義家が東国で誕生し、その誕生儀礼に東国武士が役を勤め、護刀を献上したというのは史実とは認め難い。おそらくは鎌倉後期、義家や頼朝が東国で誕生したとする伝承が語られるようになる中で、実際に東国で生まれた頼家にかかる史実を基礎に系譜を遡らせ、代々の源氏の棟梁の誕生に際し、東国武士たちが護刀を献上したというストーリーが生み出されたものと考えられる（川合二〇一九）。

　とすると、同時点の記事としては不自然な『吾妻鏡』の記事も、同種の由緒を情報源とした可能性が考えられる。そしてその場合、「代々の佳例」とは、頼家誕生当時の武家社会に根づいていた伝統ではなく、横山氏に見るような、義家や頼朝の誕生時にも護刀が献上されたとする、後世の視点で作られた伝承としての「佳例」だったと解釈される。

　東国武士たちにとって、東国の「王」たる鎌倉殿の後継者＝頼家が東国で誕生したことは、きわめて重要な意味をもって捉えられ、その誕生儀礼に参加し、護刀を献上したという事績は、源氏将軍家との主従関係の親密さのあかしとして深く記憶されるべきものであった。そして、この事績が参加した各家に伝えられていく中で、頼朝、さらには義家にまで系譜を遡らせて増幅した伝承を生み出しつつ、「代々」続いた事績として、その経緯や正統性がより強調されていったのだろう。

頼朝政権の限界

　頼家誕生をめぐる動きには、当時の頼朝政権の実情も垣間見えている。

　この当時、頼朝は朝廷に対して叛意のない旨を強調し、交渉を図ってはいたものの、安徳《あんとく》天皇を擁する平氏政権は認めず、そのもとで改元された養和《ようわ》・寿永の年号を否定して、治承年号を使い続けた（頼家の誕生は、鎌倉では「治承六年」となる）。その朝廷がなお平氏の影響下にある以上、頼朝の立場は依然として朝敵のままであった。また、東国でも北陸道に拡大しつつあった源義仲《よしなか》、平泉を中心に繁栄をほこる奥州藤原氏をはじめ、頼朝の政権に収斂《しゅうれん》しない有力武士も各地に割拠していた。

そうした状況を念頭に、政子の出産直前に派遣された奉幣使に注意してみよう。

伊豆山　土《ど》肥《ひ》弥太郎（遠平《とおひら》）	箱根　佐野太郎（忠家《ただいえ》）
相模一山（一宮か）　梶原平次（景高《かげたか》）	三浦十二天《じゅうにてん》　佐原《さわら》十郎（義連《よしつら》）
武蔵六所《ろくしょ》宮　葛西《かさい》三郎（清重《きよしげ》、父は豊島清元《としまきよもと》）	常陸鹿島《かしま》社　小栗《おぐり》十郎（重成《しげなり》）
上総一宮　小権介良常《しょうごんのすけよしつね》（父は上総介広常）	下総香取《かとり》社　千葉小太郎（胤正《たねまさ》）
安房東条庤《とうじょうじ》　三浦平六《へいろく》（義村《よしむら》）	安房洲崎《すのさき》社　安西三郎（景益《かげます》）

まず伊豆山・箱根は、後に両社への二所詣《にしょもうで》が恒例となるように、早くから鎌倉殿・幕

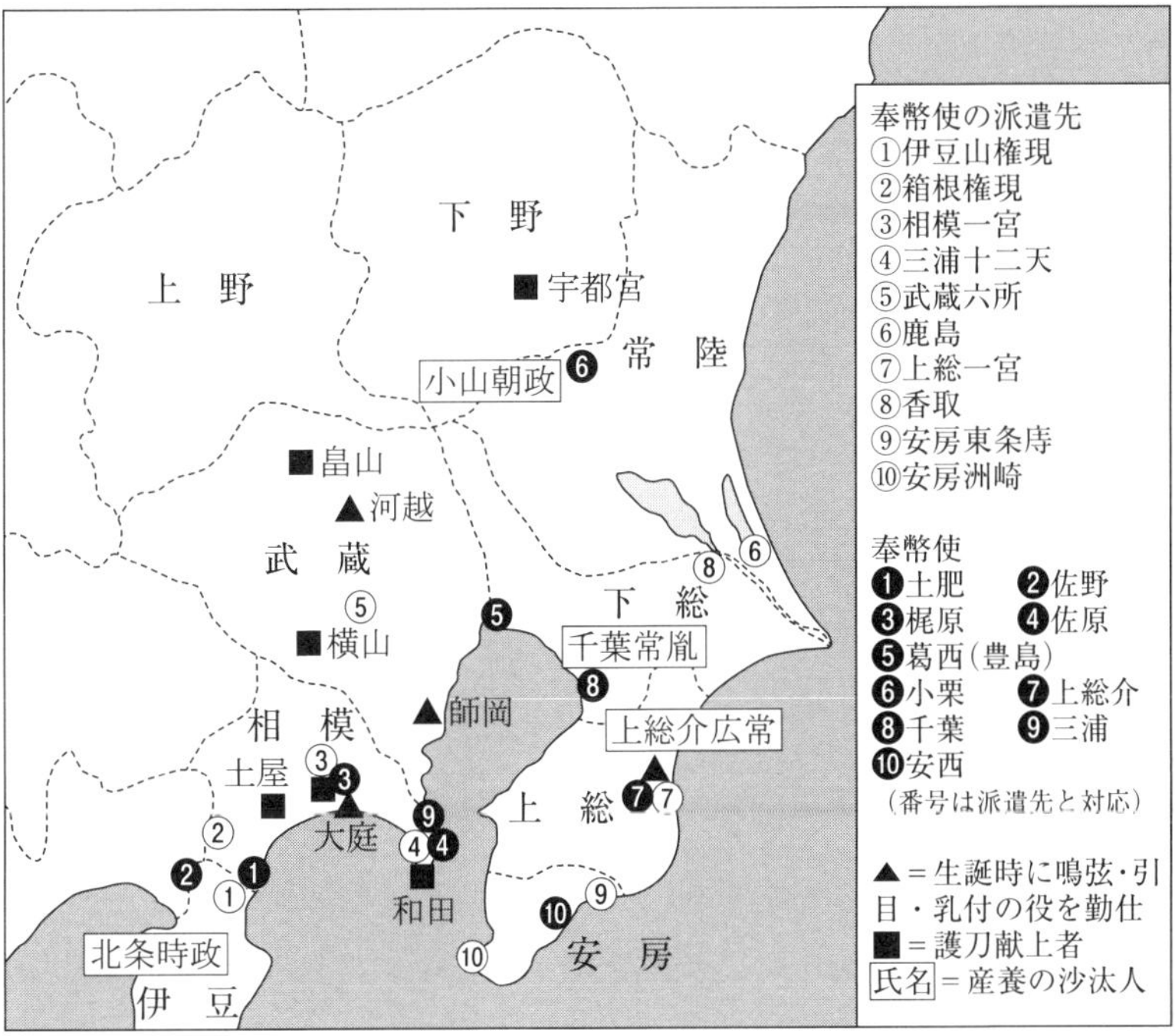

図５　頼家の誕生儀礼等に関与した諸勢力

府の崇敬を受け、手厚い保護が加えられた「両権現」である。伊豆山に派遣された土肥遠平（実平《さねひら》の子）は、国境を挟んで伊豆山に隣接する相模国土肥郷（神奈川県湯河原町など）を本拠とし、自身も伊豆山とのつながりが深かった。箱根に派遣された佐野忠家は伊豆の武士と見られ、名字の地に推定される同国佐野郷（静岡県三島市）は箱根社領であった。

一方、「近国」の諸社は、各国を代表する一宮・惣社《そうじゃ》クラスが主体で、基本的にそれぞれの地域・社寺と関係の深い有力武士の家のジュニア世代の名が多く見えている。すなわち、ここで奉幣使に選ばれたのは、各地の諸社や国衙と深く関わる若手御家人であった。誕生した若君を将来支えていくべき次世代の担い手が選ばれたといえるだろう。ただし、ここで奉幣使が派遣された「近国」の範囲が、南関東各国と常陸国、すなわち治承四年末までに頼朝が軍事的に制圧し、国衙機構をも掌握した国々に限られ、そこに北関東の下野・上野両国が含まれていない点は注意される。

奉幣使の派遣先が主に各国の一宮・惣社クラスであったことは、この時点で頼朝が掌握していた地域・信仰圏がその範囲であることを示し、それはまさに当時の頼朝の勢力圏と符合するだろう。すなわち、それに含まれない下野・上野は、いまだ完全には頼朝の支配下に組み込まれておらず、その実勢は南関東中心の局地的勢力にすぎなかった。

北関東に対しては、早い段階で小山氏や足利氏、新田氏などが個別に帰順したことで、一定の影響力は及ぼしつつあったものの、下野が広く頼朝の勢力圏に入るのは、寿永二年の野木宮《のぎみや》合戦（建久三年九月十二日条）以後と考えられている。上野の武士たちも、もとは義仲の麾下《きか》にあった者が多く、頼朝の勢力下に本格的に組み込まれるのは少し先となるだろう。奉幣使の派遣のあり方は、この現実を如実に示しているといえる。

後世の視点から見ると、頼家は「生まれながらの鎌倉殿」として、その誕生をもって頼朝が築いた幕府を継承することが自明であったように映る。だが実際には、まだどちらへ転ぶかわからない状況の下で頼家は誕生したのだった。それでも、先行きが不透明な中、東国の「王」たる頼朝の跡の継承が期待される男子が誕生したことは、頼朝・政子にとっても、頼朝に従う東国武士たちにとっても、大きな光明となったに相違ない。

後継者へのみちすじ

内乱の展開と頼朝政権

一連の誕生儀礼の後、史料上に頼家関係の内容が見えるのは、にわかに病をえた文治《ぶんじ》元年（一一八五）十二月である。その間、父頼朝をめぐる状況は劇的に変化していた。

寿永二年、北陸道で平氏軍を破った源義仲の軍勢が京都に迫ると、平氏は安徳天皇を擁して都落ちし、平氏政権は崩壊した。京都を制圧した義仲が支持を失う中、頼朝は荘園領主の立場を擁護する姿勢を強調して支持を集め、「寿永二年十月宣旨《せんじ》」を得た。これに伴い、頼朝は朝敵の立場を取り消され、これまで実力で制圧した東国の支配が追認されたことから、これも幕府の成立過程における重要な画期の一つに数えられる。

明けて元暦《げんりゃく》元年（一一八四）、後白河《ごしらかわ》法皇の命により弟の範頼《のりより》・義経《よしつね》を派遣して義仲を敗死させると、次いで平氏追討の宣旨を受け、頼朝軍は朝廷の軍事力として機能することになった。西国での軍事行動に際しては、国ごとに惣追捕使《そうついぶし》が国内武士を動員する形が取られたが、この方式は後の守護の機能につながる重要な前提となった。

また同年、平家没官領《へいけもっかんりょう》の知行権が頼朝に与えられ、これが関東御領《かんとうごりょう》（鎌倉殿を領主とする荘園）の基礎となる。さらに三河・駿河・武蔵が頼朝の知行国となり、頼朝の推挙を得た源氏一門が国守に補任《ぶにん》された。これらは幕府の重要な経済的基盤となったが、その経営にあたる家政機関の整備も進み、十月には公文所《くもんじょ》の吉書始《きっしょはじめ》が行われ、また訴訟実務を取り扱う問注所《もんちゅうじょ》も設置された。これらの機関では、大江広元《おおえのひろもと》・三善康信《みよしのやすのぶ》ら京下りの下級貴族や実務官人（文士）が重要な役割を果たしたが、この形は頼家期にも引き継がれる。

そして文治元年三月、壇ノ浦《だんのうら》で平氏一門が滅ぶと、今度は頼朝と義経の対立が深刻になった。義経は後白河法皇に迫って頼朝追討の命令を出させるが、頼朝は強く抗議してこれを撤回させ、逆に義経追討を命ずる宣旨を引き出した。そして、義経追討の任務遂行にあたり、同年十一月、いわゆる「文治勅許」（守護地頭設置の勅許）を得た。

これを鎌倉幕府の起点と見る考えは古くから有力で、最近では「イイハコ作ろう」なる語呂合わせも流布しているようだが、その評価は議論が分かれる。これにより国ごとの守護、荘園公領単位の地頭《じとう》が一律に設置され、制度として完成、定着したわけではなく、また、ともに内乱の展開の中ですでに実態として存在した方式を引き継いだ側面もあり、制度上の起点とも見なし難い。数ある重要な画期のうちの一つと見るのが妥当だろう。

成長と儀礼

さて、文治年間に入ると、頼家の成長とともに関係記事も増加し始める。五歳になった文治二年以降、鶴岡八幡宮などの社寺への参詣がたびたび見えるようになるが、このうちには父頼朝による年始の鶴岡参宮や恒例の仏神事など、公的な参詣や外出に同行したものも目立つ。頼朝としては、幼い段階から公的な性格を持つ仏神事などへの参加を通して、後継者としての教育を施すことを意図したのだろう。

同時に、頼家の成長に伴う種々の儀礼についても、詳細な情報が伝えられている。文治四年、七歳になった頼家は、初めて甲《よろい》を着す鎧着初《よろいきぞめ》に臨んだ（同年七月十日条）。出御にあたり扶持《ふち》したのは乳母夫《めのと》の平賀義信《ひらがよしのぶ》（信濃源氏）・比企能員《ひきよしかず》であった。直前には甲斐源氏の加賀美遠光《かがみとおみつ》の娘（大弐局《だいにのつぼね》）が頼家の「介錯《かいしゃく》（世話）」を命ぜられており（七月四日条）、頼朝が特に信頼した源氏一門の関係者も、頼家の養育に重要な役割を果たした。

儀式に際しては、小山朝政が甲直垂《よろいひたたれ》、千葉常胤父子が甲を持参し、また梶原景季が御刀、三浦（佐原）義連が御剣、下河辺行平《しもこうべゆきひら》が御弓、佐々木盛綱《もりつな》が征矢《そや》、八田知家《はったともいえ》が馬を献上した。甲を着した頼家が馬に乗り、南庭を周回したが、三浦義澄・畠山重忠・和田義盛が乗馬、足立遠元《あだちとおもと》が下馬を補助し、葛西清重・結城朝光《ゆうきともみつ》が轡《くつわ》に付き、馬の左右には小笠《おがさ》

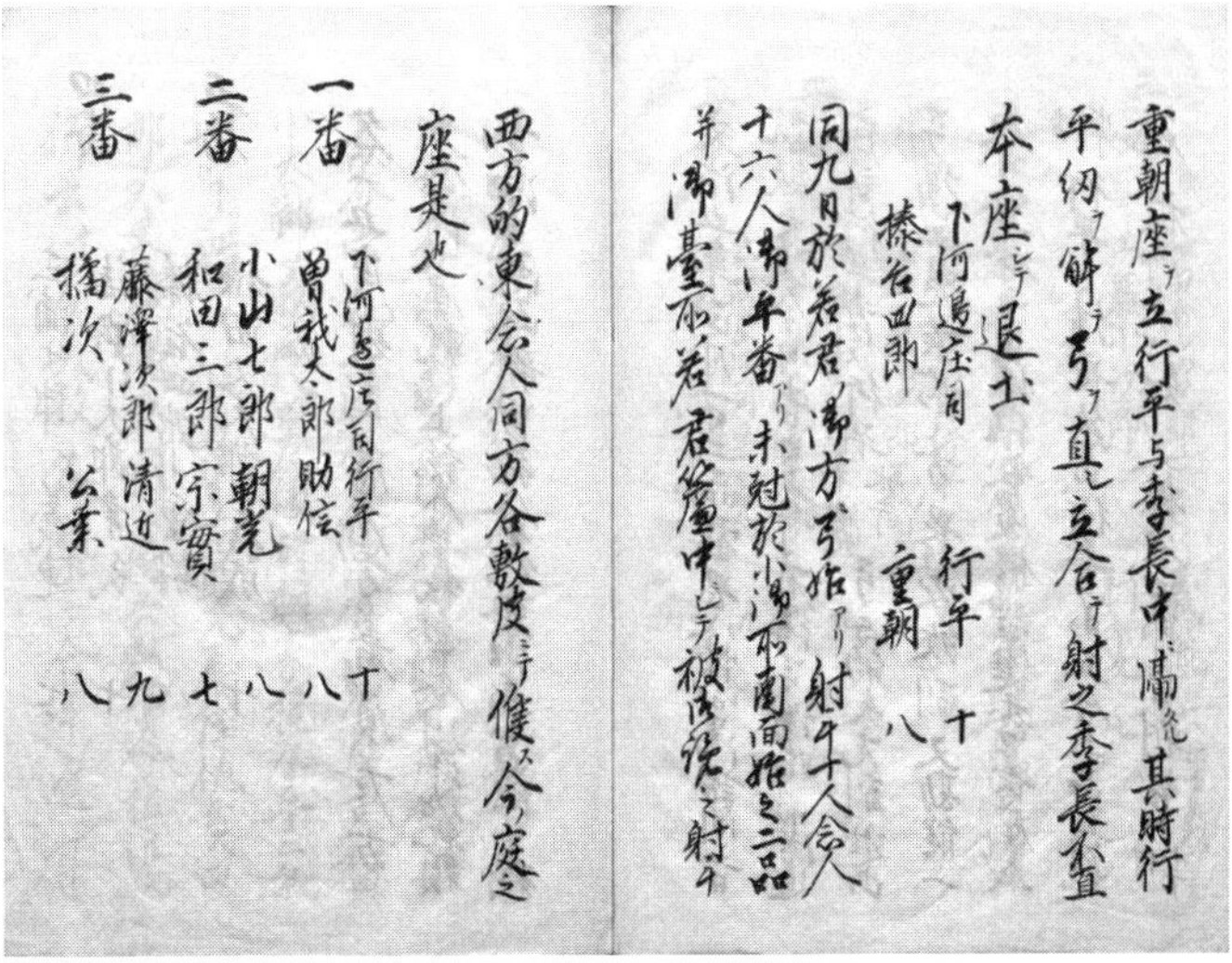
重朝座ヲ立行平与季長中ニ帰ル其時行
平弓ヲ解ヲ弓ヲ直シ立合テ射之季長不直
本座ニ退去
下河辺庄司　行平　十
榛谷四郎　重朝　八
同九日於若君御方弓始アリ　射手十人会人
十六人御弓番アリ　未刻於小御所南面始之二品
并御台所若　君御座中ニテ被御覧之射手
西方的東会人同方各数度ニテ催ス会ノ庭之
座是也
一番　下河辺庄司行平　十
曽我太郎助信　八
二番　小山七郎朝光　八
和田三郎宗實　七
三番　藤澤次郎清近　九
橘次　公業　八

図６　「御的日記」文治５年正月，若君弓始（国立公文書館所蔵）
頼家の弓始については４帖に及ぶ詳細な記述となっている．

原長経《わらながつね》（遠光の孫）・千葉胤道《たねみち》（常胤の子）・比企時員《ときかず》（能員の子）が従った。

ここで武具の献上や扶持の役を勤めたのは、養育者のほか、産養を担った常胤・朝政をはじめ誕生儀礼に関与した者、後にいわゆる「十三人の合議制」のメンバーに入る有力者が主体で、頼家を支える中核をなす面々と目される。加えて、後に頼家の近習《きんじゅう》の中心的存在となる長経・時員の名も見えており、将来を視野に入れた人選を思わせる。

翌文治五年正月には、頼家の成長儀礼としての弓始《ゆみはじめ》も行われた（正月九日条）。この弓始については、「御的日記《おまとにっき》」（国立公文書館蔵）により詳細な内容を知ることができる。

それによれば、小御所《こごしょ》の南面にて頼朝と政子、頼家が簾中《れんちゅう》より観覧する中、選ばれた十人の射手が二人一組で射芸を競った。射手の世話や応援をする念人《ねんにん》として源氏一門や有力御家人が着座したほか、数十人の御家人が祗候《しこう》し、儀礼後の酒宴の際には風流《ふりゅう》や猿楽《さるがく》も演じられるなど、幕府の弓始に匹敵するスケールで盛大に行われたという。

こうした儀礼は、以後の鎌倉殿の成長段階にも実施の記事は見えるが、頼家ほど詳細には踏み込まれていない。おそらく頼家に関しては、誕生儀礼と同様、種々の儀礼の先例として、依拠すべき原史料も比較的豊富に残され、記述も充実するに至ったのだろう。

戦時から平時へ

文治五年、頼朝の圧力を受けた藤原泰衡《ふじわらのやすひら》が、平泉に身を寄せていた義経を襲撃して自殺させると、頼朝は自ら大軍を率いて奥州に遠征し、奥州藤原氏を滅ぼした（奥州合戦）。これによって頼朝に対抗しうる勢力は消滅し、内乱は終結を迎えた。

この合戦に際し、頼朝は周到な準備のもと全国規模で武士を動員し、かつての前九年合戦での源頼義《よりよし》の先例を踏襲、再現する形で軍事行動を展開した。すなわち、奥州合戦は頼朝が全国的な軍事指揮権の掌握者たることを誇示し、東国武士たちに先祖が戦った前九年合戦を追体験させるものであった。そこには、内乱の終結を前に、内乱期に結ばれた主従関係を再編し、平時につなげる政治的な意味があったと考えられる（川合二〇〇四）。

建久元年（一一九〇）、満を持して上洛した頼朝は、権大納言《ごんのだいなごん》・右近衛大将《うこのえのたいしょう》に補任された。近衛大将は、かつて平重盛・宗盛《むねもり》も経歴して平氏の家格上昇に大きく作用したが、これによって頼朝の家の家格も飛躍的に上昇することとなる（高橋秀樹二〇一五a）。同時に頼朝は、自身が朝廷を守護する「朝の大将軍」たることを表明すると（『玉葉』同年十一月九日条）、翌年朝廷が発した建久の新制では、全国の治安維持の担い手という、頼朝政権＝鎌倉幕府の平時における役割が明文化された（『三代制符《さんだいせいふ》』）。内乱の過程で形作られてきた幕府のその後の持続性を考えた時、この手続きはきわめて重要といえる。

後白河法皇没後の建久三年七月、頼朝は征夷大将軍に任じられた。かつては、征夷大将軍を頼朝の悲願とする考えや、「イイクニ作ろう」の語呂合わせも手伝って、一般にはこれをもって鎌倉幕府の成立とする風潮も強かった。だが近年、頼朝が実際に欲したのは「大将軍」であり、朝廷がこれに相当する地位として複数の候補の中から先例を勘案して選んだのが「征夷大将軍」だったことが明らかになっている（『三槐荒涼抜書要《さんかいこうりょうぬきがきのかなめ》』）（櫻井二〇〇四）。建久元年の上洛で明確となった「朝の大将軍」の立場を、具体的な官職によって裏づけたのが「征夷大将軍」といえるだろう（高橋秀樹二〇一五a）。

これと前後して、御家人の平時の任務として京《きょう》都《と》大番役《おおばんやく》が導入され、それとともに御家人身分が確定してゆく。また将軍家政所《まんどころ》の開設に伴い、それまでに発給された袖判《そではん》下《くだし》文《ぶみ》を回収し、改めて政所下文を発給する手続きが進んだ。これには、戦時の個別の主従関係を、平時の公的で持続的な関係に移行させる意味合いがあった（高橋典幸二〇〇八）。

すなわち、「征夷大将軍」への就任自体は幕府成立に必須だったわけではないものの、平時における幕府の位置づけが明確になり、「大将軍」のもとで平時の体制作りが進んでいくという点では、「イイクニ」の重要性も決して捨てたものではない。

ただ、平時の体制への移行により、御家人たちが戦時に得られていた恩恵にも制約が加わる場合もあり、こうした変化を必ずしも歓迎しない者も出てくる。例えば、右の下文の更改に際し、政所下文を不服とした千葉常胤が袖判下文の発給を求めた話はそれをよく示すといえるが（建久三年八月五日条）、同時に、このように鎌倉殿と御家人との距離感が変化しつつある中で、頼朝が急死し、頼家の時代が始まることにも注意が必要だろう。

頼家にとっての富士の巻狩

建久四年三月以降、頼朝は信濃の三原野《みはらの》、下野の那須野《なすの》、駿河の富士野で、自身の支配権を誇示する如き大規模な巻狩《まきがり》をたて続けに行った。

その一連の巻狩の最後となる富士の巻狩には、十二歳の頼家が初めて参加し、みごと鹿を射止めたことが特筆される（五月十六日条）。『曽我物語』では、頼家は畠山重忠の子で十四歳の重保《しげやす》と対になって競う形で、和田義盛・畠山重忠の指揮で勢子《せこ》が追い立てた鹿の群れを馳せ追い、大鹿《おじか》二頭・妻鹿《めじか》一頭を射止めたとする（『曽我物語』真名本、巻第八）。

武士の子弟が初めて狩猟に参加することは、武家社会では事実上の成人式を意味し、その場で獲物を射止めることは、一人前の武芸を身につけたことを証明するとともに、その前提として山神が祝福して獲物を与えたことを意味するという（千葉一九六九・一九七五）。すなわちこの成果は、頼家が後継者としての資格を備えていることを神に認められた証と解釈され、その資質を武家社会にアピールすることになったのである（石井一九七四）。

喜んだ頼朝は、アシストした愛甲季隆《あいこうすえたか》を激賞すると、その日の狩りを中止し、成果を神に感謝する山神矢口祭《やまがみやぐちまつり》を行った。この祭祀は、狩庭の山神を勧請《かんじょう》して最初に射止めた獲物を捧げ、宿老の射手が祝儀の矢口開きの三色の餅を供え、矢声を発してその餅を食すもので、然るべき射手として一口に工藤景光《かげみつ》、二口に愛甲季隆、三口に曽我祐信《すけのぶ》が選ばれた。彼らは各自の作法で餅を食したが、頼朝は三口の役は自分に譲られるのを期待したところ、祐信がそのまま食してしまったため、非常に残念がったという（五月十六日条）。

最近の国文学の研究では、頼朝の期待した内容にならず、これに関わった者の多くに死や傷病につながる「不吉な影」のあるこの矢口祭は、神の祝福を得られなかったとして、頼家の暗い将来を暗示する編纂者の意図の存在が強調されている。一方で同年九月、頼朝の感心も得て成功裏に進んだ泰時の矢祭の話（九月十一日条）を用いることで、「頼朝公認の後継者」たる泰時との「積極的な対比」がなされたのだという（小林二〇一一）。

だが、この矢口祭の具体的な記述は、後の故実書に示された作法と一致する点が多いとされており（中澤二〇一八）、編纂時に故実として伝わっていた話を情報源とした可能性が高い。原史料段階で対比的に取り上げられていた可能性はあっても、それ以上の作為的な編集や曲筆がなされたとは考えにくく、そうした意味づけは強引であろう。

頼朝はさらに、鎌倉の政子のもとに梶原景高《かげたか》を遣して成果を報告させるが、政子は「武将の嫡嗣《ちゃくし》」ならば当然のこととして「楚忽《そこつ》の専使《せんし》」の派遣に苦言を呈し、景高の面目を潰《つぶ》したという（五月二十二日条）。この件から、政子が早くから頼家を疎《うと》んじていたとする見方もあるが（永井二〇一〇）、苦言の対象は頼朝であり、そうした感情までは読み取れない。

風』右隻より，山梨県立博物館所蔵）

図7　富士の巻狩（『曽我物語図屏

曽我事件とその影響

その後、大規模な巻狩は数日続いた。初日に鹿を射止めた後の頼家の動向は不明だが、そこで後世にその名を残す大事件が起こる。曽我兄弟の仇討事件（曽我事件）である。

五月二十八日の夜、曽我祐成《すけなり》・時《とき》致《むね》兄弟が、頼朝らの滞在する宿所に乱入して父（河津祐泰。伊東祐親の子）の敵工藤祐経《すけつね》を討ち取り、警固の武士たちにも切り付けて多数負傷させた。弟の時致はさらに頼朝のもとに迫ったが、そこでようやく取り押さえられた。

この事件については、単に兄弟の仇敵祐経が討たれたのみでなく、結果的に頼朝の身にも危険が及んだことから、その真相をめぐって多様な見解がある。中には時政など有力御家人層を黒幕とした、頼朝と頼家の殺害を目的とする陰謀を想定するものもあるが、いずれも憶測の域を出ない。突発的な仇討事件としての扱いに留めておくのが無難だろう。

とはいえ、この事件は各方面に少なからぬ影響を及ぼした。例えば、常陸国では巻狩に同行していた久慈郡の者たちが逐電《ちくでん》して処分されたのを皮切りに、八田知家が常陸大掾《だいじょう》氏の多気義幹《たけよしもと》を訴えて失脚させるなど、国内の勢力地図にも関わる騒動が続発している。また、源氏一門の有力者の粛清が相次いだことも特筆される。八月には頼朝の弟範頼が突如「叛逆」の嫌疑をかけられ、不忠なき旨の起請文を献じたものの認められず、範頼の家人の不穏な動きもあり取締りも強化される中、伊豆に追放され（八月十七日条）、間もなく誅殺されたと見られる。直後には古参の有力御家人の大庭景義と岡崎義実《おかざきよしさね》が突然出家しており（八月二十四日条）、この件と関連する可能性も指摘されている（坂井二〇一四b）。

同年十一月には、源氏一門の有力者安田義資《よしすけ》が、永福寺《ようふくじ》の薬師堂供養にて女房の聴聞所に艶書《えんしょ》を投げ入れたとして梟首《きょうしゅ》された（十一月二十八日条）。この時、父義定《よしさだ》も縁坐により地頭職を没収され、翌年、反逆の嫌疑により梟首された（建久五年八月十九日条）。

こうした事件の背後に何者かの謀略があったか、あるいはこれらが頼朝の主体的意思による粛清かどうかはさておき、頼朝の兄弟筋と、自立的な源氏一門の有力者が相次いで姿を消したことで、結果的に頼家の後継者としての地位が固まっていった。

上洛と参内

建久六年、頼朝は再び上洛の途に就いた。この上洛の表立った目的は、再建なった東大寺大仏殿の供養への結縁《けちえん》であったが、同時に政子、長女大姫《おおひめ》、そして頼家も同行しており、大姫の入内《じゅだい》工作を進め（『愚管抄』）、後継者頼家を朝廷側に認知させることで、子女の将来への道筋をつけることも重要なテーマであったと見られる。

頼朝とともに上洛した頼家は、頼朝に伴われて石清水八幡宮に参詣した（四月十五日条）。これには、源氏の氏神たる八幡神に頼家が後継者となるべきことを報告する目的も含まれただろう。次いで六月三日には参内し、天皇から御剣を賜った。「若公」としての参内は、摂関家子弟などに多く見られる童殿上《わらわてんじょう》にあたると考えられるが（佐伯二〇一二）、これは朝廷側からも頼朝の後継者として認知されたことを意味するといってよい。

同月二十五日に帰途につくと、途中経由した東海道各国では守護の歓待を受け、また頼朝が直接国務の聴断を行う場面もあった。これには、頼朝自身の支配権を誇示するとともに、後継者頼家を周知する目的もあったと考えられる（木村二〇一一）。

鎌倉帰着後には、比企藤次《とうじ》を奉行に、千葉常胤・小山朝政・三浦義澄が馬を進上して「若君御方」の厩始《うまやはじめ》が行われた（七月二十日条）。頼朝の大御厩《おおみうまや》とは別に頼家独自の厩が設置されたことは、後継者としての始動を象徴的に示すといえるだろう。

頼家の元服をめぐって

こうして、頼朝の後継者としての立場を確定させた頼家だが、肝心の元服についての史料が残っていない。遅くとも従五位上に叙され、右少将となった建久八年末（『公卿補任』正治二年）以前であることは動かないが、具体的な元服時期は不明である。

このころ鎌倉にいた藤原雅経《まさつね》の日記をもとにした『革匊別記《かくきくべつき》』には、建久八年年二月三日の記事に「太郎殿〈頼家〉」と見えており、この時点で元服していたとも見なしうる。ただ、抄出時に手が加わった可能性もあり、また上洛時の参内が童殿上であれば、それに際して実名がつけられていたと見られるから、この事例のみでは確定できない。

一方、建久八年、十六歳での元服は遅きに失しており、また建久六年の上洛時、元服前の状態で単独で参内するのは不自然として、建久四年の富士の巻狩で「元服の儀」も併せて行われたなどとする主張もあるようである（伊藤二〇一八）。

しかしながら、それには史料的根拠がいっさいない上に、鎌倉殿の嫡子の元服という公的要素の強い儀礼を、巻狩のついでに行うなどということはまず考えられない。また、『吾妻鏡』では建久六年末まで一貫して頼家を「若君」と表記するが、その中には天候表記を伴い、同時代の日記類に基づくと見られる記事も含むから（建久六年四月十五日条ほか）、建久四年に元服していたと見る余地はなく、『吾妻鏡』の表記通り、建久六年末までは元服していなかったと素直に考えてよい。そもそも元服のタイミングは、本人をとりまく諸事情にも左右されるものであり、研究者の主観で「遅きに失」するなどと断ずべきものではない。

『吾妻鏡』の頼朝将軍記が建久六年をもって途切れている理由については、古くからさまざまな可能性が論じられているが、東国の王権の誕生に始まる頼朝将軍記は、将軍の後継者が誕生し、王権の継承の条件が整ったこの年を終着点としたとする見方もある（五味二〇〇〇）。その当否はともかく、この建久六年が、少年頼家にとっての大きな区切りになったことは認めてもよいだろう。とすると、継承をめぐる不安要素が解消され、条件が整ったところで、『吾妻鏡』が現状で記事を欠く建久七年以降に、満を持して元服の儀が行われるという流れも、十分に現実的なものとして想定しうる。

当時の貴族社会では、公卿層の子息は元服当日か元服後の叙位《じょい》で叙爵《じょしゃく》される形が広く定着していたこと（服藤一九九一）、従五位上での叙爵という格上の扱いであることを踏まえると、常識的には頼家も元服と叙爵がセットになったと見るのが自然ではある。ただ、後に鎌倉で元服した摂家将軍の藤原頼経・頼嗣の場合、叙爵・任官は後日申請するのが例となっていた点を参考にすると（寛元二年四月二十一日条）、頼家についても、元服の儀を行った上で、後日頼朝サイドから叙爵・任官が申請された可能性が高いだろう。

結局のところ、頼家の元服時期を確定するのは難しいが、さしあたり建久七年から八年の間のある時点に絞られるのは確実である。

頼家をとりまく人々

比企氏とそのネットワーク

源《みなもとの》頼家《よりいえ》の時代に入っていくに先立ち、彼がどのような人々に支えられていたか、頼家周辺の人的環境を整理しておこう。

比企一族の存在感

頼家が比企《ひき》氏の居館と見られる比企谷殿《ひきがやつどの》で誕生すると、乳母夫《めのと》に指名された比企能員《よしかず》が養育にあたり、さらにその娘（若狭局《わかさのつぼね》）は頼家に嫁し、長子一幡《いちまん》を儲けて外戚の地位を築いていく。すなわち、比企氏は最も身近なところで頼家を支えた勢力であった。

比企氏については関係史料が断片的で、その出自についても秀郷《ひでさと》流藤原氏で比企郡司とするもの、中央の官人出身とするものなど諸説あり、不明な部分も多いが、可能な範囲でその人的ネットワークを掘り下げてみたい。

そもそも、ここで比企氏が登場するのは、頼朝の乳母だった比企尼《ひきのあま》の存在が大きい。平治の乱後、頼朝が伊豆に流されると、京にあった比企尼は夫の掃部允《かもんのじょう》とともに比企郡を「請所《うけしょ》」として下向し、以後二十年にわたり頼朝を支えていた。頼朝が比企尼の推挙に応じて、彼女の甥で猶子《ゆうし》の能員を頼家の乳母夫に指名したのは、その恩義に報いるためであったという（寿永元年十月十七日条）。頼家誕生の際に比企谷殿が産所となり、乳付《ちつけ》役を勤めた河越重頼《かわごえしげより》の妻が比企尼の次女であったことも、同様の事情によるのだろう。

そのあたりの背景は、比企尼周辺の人間関係に注意すると、より鮮明になる。『吉見《よしみ》系図』などによれば、尼には重頼の妻の他に二人の娘があったという。長女（丹後内侍《たんごのないし》）は、初め京都で二条《にじょう》天皇に仕え、惟宗広言《これむねのひろとき》との間に島津忠久《ただひさ》・若狭忠季《ただすえ》を儲けた後、東国に下って頼朝《よりとも》の腹心安達盛長《あだちもりなが》に嫁ぎ、景盛《かげもり》を産んだ。また、その娘は頼朝の弟範頼《のりより》の妻となり、その子孫が比企郡内の吉見に本拠を構え、吉見氏となったとされる。重頼夫妻の娘も義経《よしつね》の妻となっており、頼朝の二人の弟はともに比企尼の孫娘を妻としたことになる。もう一人の三女は、先述の伊東祐清《いとうすけきよ》の妻であったが、後に頼朝が特に信頼を寄せた源氏一門の平賀義信《ひらがよしのぶ》に再嫁し、頼家の乳母も勤めている。

すなわち、比企尼の周辺は頼朝を流人時代から支えた面々で固められ、頼朝の挙兵後には、源氏一門との間に強固な姻戚関係が形成された。頼家個人に限らず、頼朝一族にとっての比企氏の重要性が見て取れる。

図8　比企氏関係系図

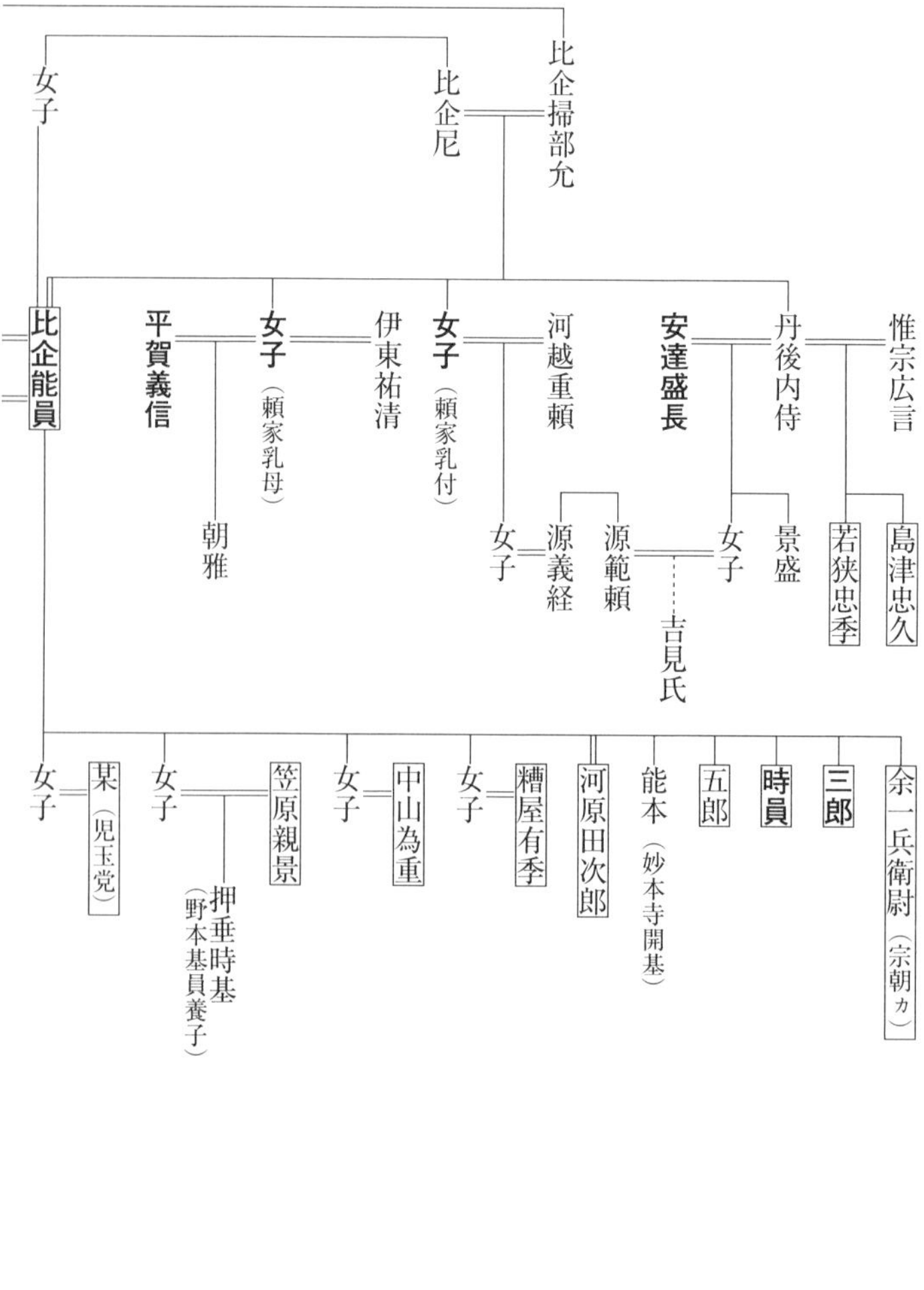
比企掃部允
比企尼
女子
惟宗広言
丹後内侍
安達盛長
河越重頼
女子（頼家乳付）
伊東祐清
女子（頼家乳母）
平賀義信
比企能員
島津忠久
若狭忠季
景盛
女子
源範頼
源義経
女子
吉見氏
朝雅
余一兵衛尉（宗朝カ）
三郎
時員
五郎
能本（妙本寺開基）
河原田次郎
糟屋有季
女子
中山為重
女子
笠原親景
女子
押垂時基（野本基員養子）
某（児玉党）
女子

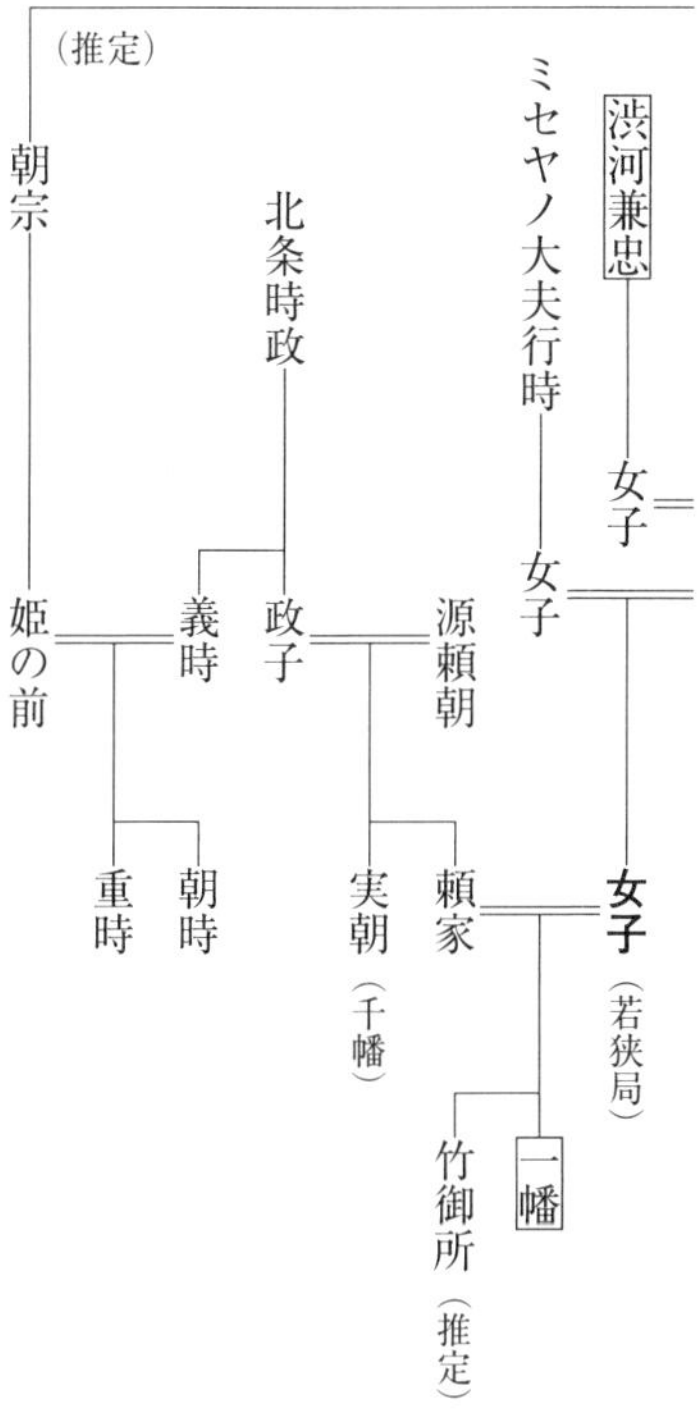

（注）　太字は頼家関係者、囲みの人物はいわゆる「比企氏の乱」で滅亡・縁坐した人物。

この比企氏の立場に関して、頼朝の挙兵直前、大庭《おおば》景親《かげちか》が佐々木秀義《ひでよし》に語ったという興味深いエピソードが知られている。

景親は平氏の侍伊藤忠清《ただきよ》から、北条時政《ほうじょうときまさ》と比企掃部允が頼朝を大将軍にかついだ謀叛を企てているとの情報があることを聞かされた。景親は、掃部允はすでに早世しており心配ないとしながらも、心中では「潜《ひそか》に周章《しゅうしょう》」したという（治承四年八月九日条）。

ここで注目されるのは、故人である掃部允に関してこうした情報が流れ、景親も心中ではあわてたとする点である。おそらく、問題は掃部允本人よりも、その背後に広がる比企氏のネットワークにあったのだろう。すなわち、頼朝を婿に迎え、明確な警戒対象といえる北条氏と並び、比企氏を頼朝の主要な支援者として油断ならぬ勢力と見る認識の存在を物語っている。転じて、頼朝にとっては重要な頼みの綱であったことになる。

とすると、頼家の誕生時点の状況を考えた場合、生まれてくる子の養育・支援を、挙兵以前からの支持勢力である比企氏の手に委ねるという構想は、自然な選択といえよう。

幼少時には乳母夫、成人後は舅として頼家を支えた比企能員は、頼朝の側近としても早くから重用されていた。建久《けんきゅう》元年（一一九〇）の御行始《ごこうはじめ》には能員の家が選ばれ（同年正月三日条）、同年の頼朝の上洛時には頼朝の推挙により右衛門尉《うえもんのじょう》に任官するなど、側近としての栄誉にもあずかっている。軍事面でも、平氏追討への従軍時、頼朝から直接書状を送られるなど、信頼は厚かったと見られるが（文治元年二月十六日条）、特に注目されるのは、東山・北陸道方面の軍事活動における存在感である。

比企能員と東山道

例えば、文治《ぶんじ》五年（一一八九）の奥州合戦では北陸道大将軍として、「下道」（いわゆる鎌倉街道上道《かみつみち》に該当）を経て北上し、軍勢の動員と統率にあたった（同年七月十七日条）。翌年、出羽で起こった大河兼任《おおかわかねとう》の乱でも、再び東山道の大将軍を勤めるなど（建久元年正月八日条）、主として東山・北陸道に関わる軍事行動で重責を担っていた。

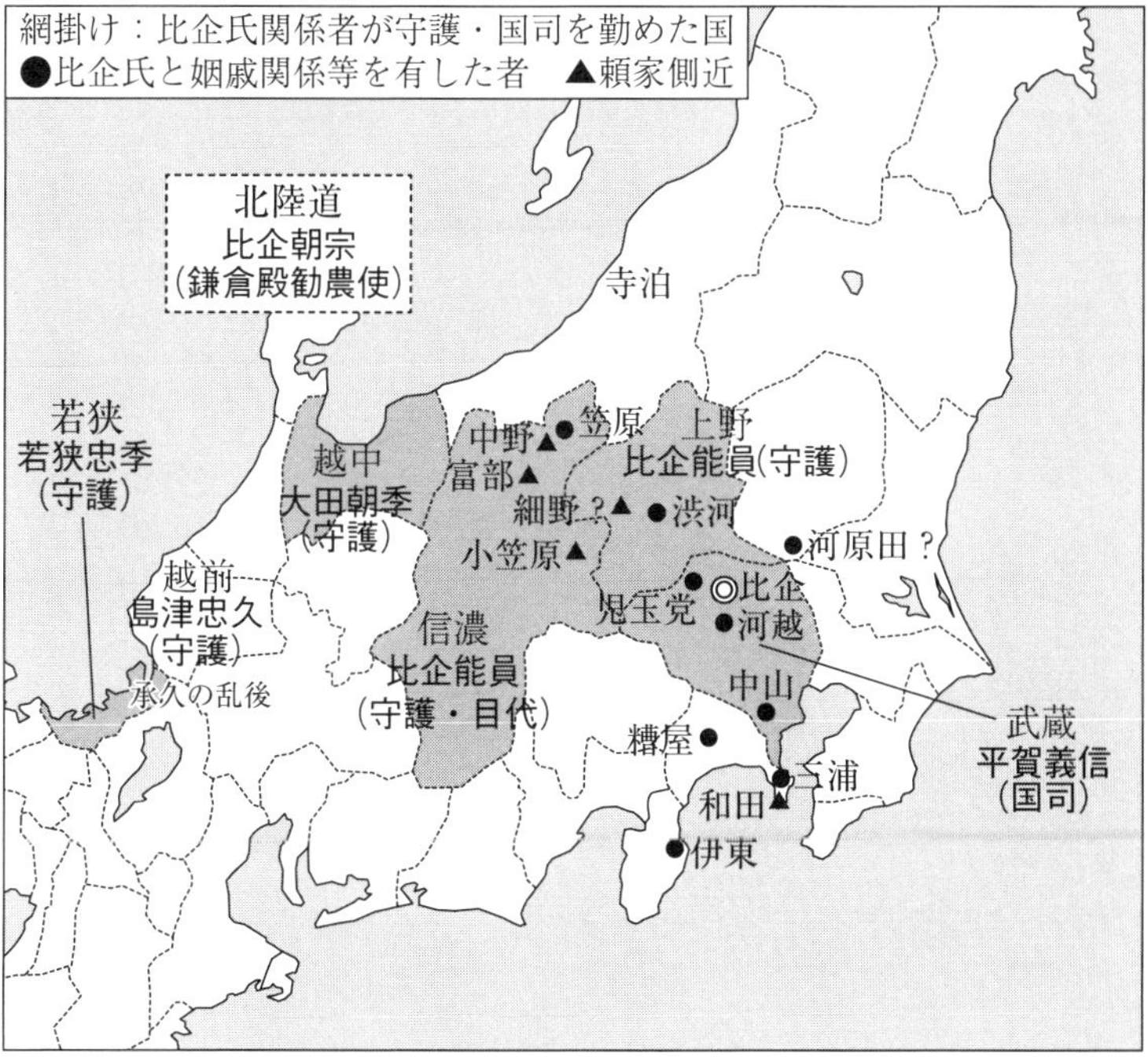

図9　比企氏のネットワーク

この方面での能員の指導的役割は、早くは義仲《よしなか》の子志水義高《しみずよしたか》の伴類《ばんるい》が蜂起した際、和田義盛《よしもり》とともに信濃下向の軍勢を統率した点にも窺えるが（元暦元年五月一日条）、直接的には文治年間の当該地域における比企氏の立場が、重要な下地になったと考えられる。

奥州合戦での能員の任務に上野国住人の動員が含まれ、頼家期には信濃の御家人を率いて京都大番役のため上洛したり、信濃の守護所の訴訟で能員の先例が引かれたりするなどの事例から、能員は上野と信濃の守護であったと推定されている（佐藤進一一九七一）。さらに信濃では、能員が目代《もくだい》も勤めたことが知られており（金沢文庫本斉民要術巻十裏文書、鎌一〇八三六）、守護として国内御家人の指揮にあたるとともに、知行国主頼朝、信濃守加賀美遠光《かがみとおみつ》のもと国務をとりまとめ、一国の軍事・行政両面を統括する立場にあった。

信濃守の遠光は、甲斐源氏の中でも頼朝の信頼が厚く、娘（大弐局）は頼家の介錯を勤め、孫の小笠原長経《おがさわらながつね》は頼家の近習《きんじゅう》と、源氏一門でも頼家との距離が近い。また、頼朝の勢力が信濃に浸透していく過程で、同国を本拠とする平賀義信と比企尼の三女との婚姻が成立していた。すなわち、能員が信濃の軍事・行政を担うにあたり、頼朝が信頼し、比企氏や頼家ともつながる源氏一門の有力者を通してその地盤も強化されていたのである。その点は上野も同様で、比企尼の婿安達盛長が「国奉行人」として国務に関わっており（元暦元年七月十六日条）、能員が軍事、盛長が国務を分掌する形も想定される。

信濃・上野はもと義仲の勢力圏で、義仲の指揮下にあった武士も多かったが、頼朝勢力の伸張とともに多くが頼朝と主従関係を結び、再編成が進むことになる。その作業を中心的に担ったのが、能員や義信・盛長ら比企氏所縁の者たちだったといえよう。

北陸道への展開

上野・信濃の先には、やはり義仲が勢力圏とした北陸道があった。義仲の滅亡後、頼朝は比企一族の朝宗《ともむね》（世代的に掃部允の兄弟にあたる可能性が高い）を「鎌倉殿勧農使《かまくらどのかんのうし》」として、北陸道の復興を指揮させた。現実にはその活動が紛争を招くこともあったようだが、このエリアを頼朝の勢力圏に組み込む上で、朝宗が重要な役割を担ったのである。そして、朝宗の手が入った北陸道諸国には、その後も比企氏関係者の足跡が広く認められる（石井一九九〇）。

朝宗による介入の形跡のある若狭は、その後、若狭忠季が守護に補任されたと伝える（東寺百合文書、鎌一〇四六七）。忠季の母は比企尼の長女丹後内侍とされており、縁者として朝宗の活動を継承したと見てよいだろう。なお、忠季は比企氏滅亡後、若狭国内の所領とともに守護の地位も一時失ったが、後に復帰している。同様に朝宗の具体的活動が多く知られる越前も、承久の乱後には忠季の兄島津忠久《ただひさ》が守護となっている。

越中では、早くに朝宗の般若野《はんにゃの》荘への押妨《おうぼう》が問題となったが（文治二年六月十七日条）、頼家期には朝宗と「朝」字が通じる大田朝季《おおたともすえ》が守護と推定され、その郎従は建仁《けんにん》三年（一二〇三）九月、比企氏の滅亡と連動して「謀叛」の動きを見せたという（尊経閣所蔵文書、鎌八七七五）。やはり比企一族かそれに近い者によって担われたと見てよかろう。

一方、朝宗の活動の直接的な徴証がない越後は、比企氏の足跡に関する情報も乏しい。だが、系図類には能員の孫が同国の要港寺泊《てらどまり》に住んだと伝えるものがある（比企道作氏蔵『比企氏系図』）。その真偽は定かでないが、寺泊には朝宗の娘を母とする北条朝時《ともとき》も関わっており（元仁元年二月二十九日条）、朝宗による何らかの関与があったことを思わせる。

東山・北陸道諸国の押さえを中心的に担い、頼朝・頼家の政権を支えた比企氏の影響力が決して小さなものではなかったことは、能員が築いた人間関係からも窺える。

比企氏のネットワークと交通路

建仁三年九月の比企氏滅亡に際し、能員の縁者たちも比企氏側について戦っていた。『吾妻鏡《あずまかがみ》』では、能員の子息らとともに、猶子の河原田《かわらだ》次郎および笠原親景《かさはらちかかげ》・中山為重《ためしげ》・糟屋有季《かすやありすえ》の三人の婿が防戦し、また事件後、能員の舅の渋河刑部丞《しぶかわぎょうぶのじょう》が討たれたとする（同年九月二日条）。『愚管抄《ぐかんしょう》』でも、親景と有季および渋河刑部兼忠《かねただ》の名が挙げられ、特に有季の奮戦ぶりを詳細に記すが、さらに児玉党《こだまとう》にも能員の婿がいたこと、能員が「ミセヤノ大夫行時」の娘を妻とし、頼家に嫁した若狭局を儲けたことも見える。

これらの面々の本拠に注目すると、河原田氏は下野国河原田郷（栃木県小山市）に所縁の者と推測され、婿のうち笠原氏は信濃国笠原牧（長野県中野市）を名字の地とする可能性があり、中山氏は秩父平氏から出た武蔵の有力武士、糟屋氏は相模国糟屋荘（神奈川県伊勢原市など）が本拠、舅の渋河氏の本拠は上野国渋河保（群馬県渋川市）と見られる（石井一九九〇、落合二〇二〇）。すなわち、能員の人間関係は、本拠とする武蔵、守護や目代を勤めた信濃・上野を中心に、隣接する下野や相模にも広がりを持ったことがわかる。

ところで、郡名を名乗る比企氏の具体的な本拠地は明確ではないが、近年、古代以来の霊場でもあった東松山市岩殿《いわどの》付近が有力な候補地に挙げられている。当所の中心寺院である正法寺《しょうほうじ》（岩殿観音）は、頼朝の命で能員が再興したとの伝承を持ち、また、その参道に近接する中世居館跡（伝足利基氏《もとうじ》館跡）は、古くは「比企判官（＝能員）旧地」と伝えられるなど、能員に関わる伝承の色濃いエリアとして知られている（斎藤二〇〇六）。

図10　正法寺境内（正面は観音堂，埼玉県東松山市）

その場合、この地が「物見山」とも呼ばれ、東に古代以来の幹線である東山道武蔵路《むさしみち》、南に鎌倉街道上道を見下ろし、両者にアクセス可能な丘陵上にある点が注意される。
鎌倉期の武蔵の交通路としては、鎌倉街道上道の存在感が群を抜いているが、近年の研究では、東上野や下野・陸奥に接続する東山道武蔵路の重要性も合わせて強調されている（高橋一樹二〇一三、落合二〇二〇）。すなわち、比企氏は武蔵から東山・北陸道へ至る二つの重要ルートの喉元を本拠として押さえていたことになる。

特に比企氏の場合、東山道武蔵路との結びつきは強かったようで、比企尼の次女の嫁ぎ先の河越、長女の系譜を引く吉見氏など、ルート沿いには比企氏所縁の武士の拠点が目立つ。また、ルート上の有力武士野本氏には能員と「員」の字をともにする者が複数見られるが、その養子となった押垂時基《おしだりときもと》の父は能員の婿笠原親景とされる（落合二〇二〇）。さらに、能員の舅「ミセヤノ大夫行時」の本拠は比企郡内の三尾谷《みおのや》（埼玉県川島町）の可能性もあるが（山野二〇二二）、その場合やはりこのルートに絡むことになり、能員の猶子河原田次郎の本拠が下野だとすると、両者を結びつけるのもこのルートをおいて他にない。

一方、鎌倉街道上道は秩父平氏との関係が強調されており、特に上道沿いの菅谷《すがや》（埼玉県嵐山町）を拠点とする畠山重忠《はたけやましげただ》は、交通路の掌握をめぐって比企氏と競合関係にあったともいわれる（高橋一樹二〇一三）。そうした中で、能員がこのルートにも関わりの深い

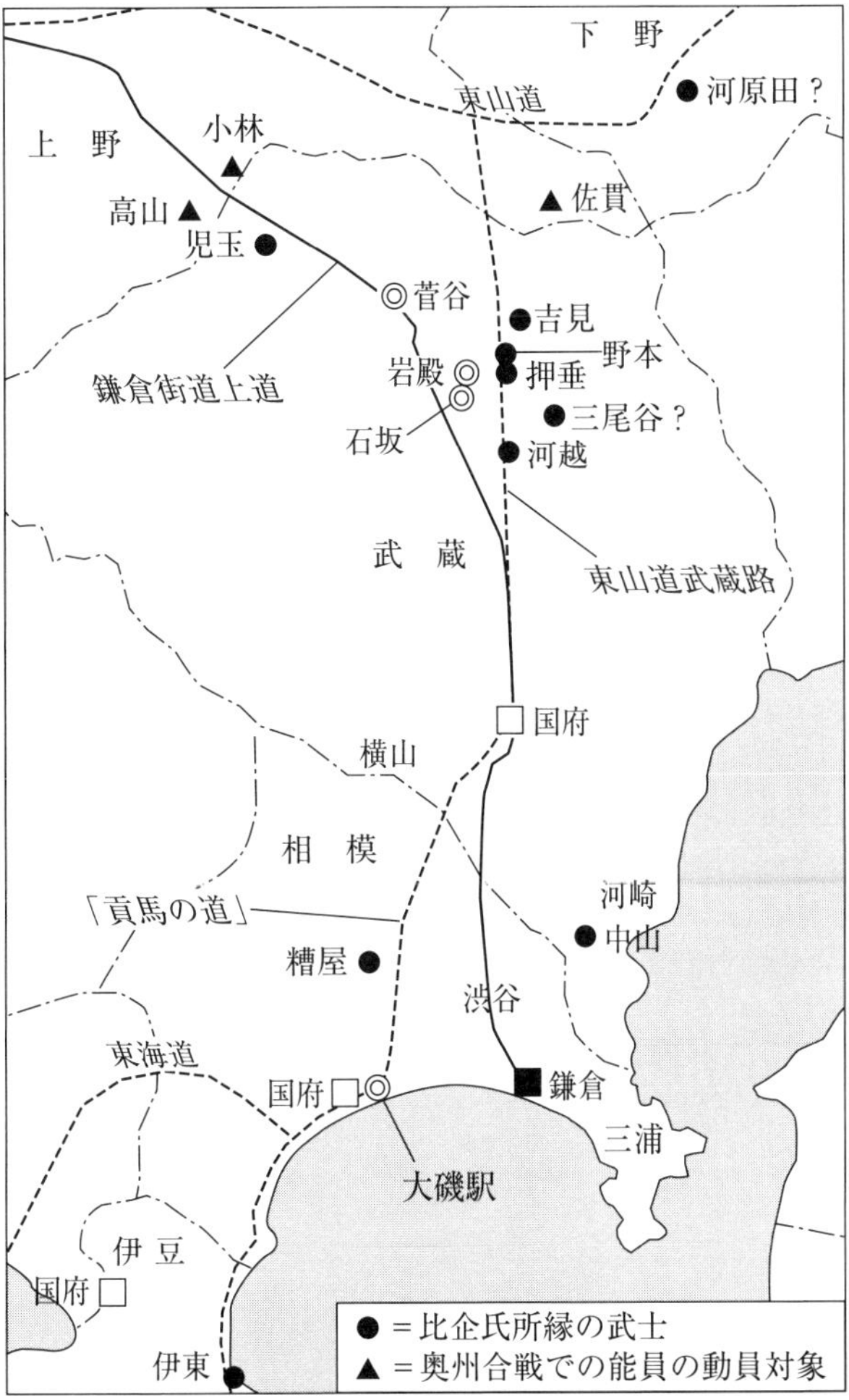

図11　比企氏と武蔵・相模の交通路

児玉党の人物を婿としていたことは、上野・信濃方面に最短距離で通じるルートの確保という点でも、重要な人間関係であったといえよう。

軽視できない南関東

このように、武蔵北部を本拠とし、東山・北陸道に影響力を持った比企氏については、主として北関東・信越方面への広がりが強調されている。ただ、能員の婿には相模を本拠とする糟屋有季があり、中山為重は「川崎」の名字でも見えており（『尊卑分脈《そんぴぶんみゃく》』）、秩父平氏でも武蔵南部から相模東部にかけて展開した河崎・渋谷氏の流れに属すと見られるから、その姻戚関係は南関東にも及ぶ。とすると、比企氏の人間関係を東山・北陸道に集約して論ずるのは不十分であり、南関東方面にも注意を向ける必要がある。

先に比企尼の三女が伊東祐清の妻であったことに触れたが、頼朝の配流地の伊豆で、保護・監視役たる伊東祐親に直接つながる人脈が確保されていた点は重要である。その祐親は三浦義澄《よしずみ》を婿としていたが、比企氏にも三浦氏との浅からぬ関係が窺える。

『吾妻鏡』上では、能員が義澄や和田義盛とセットで登場する場面が意外に多く、特に義澄が椀飯《おうばん》沙汰人《さたにん》を勤めた際、三浦一族の面々とともに能員が役に加わっている事例は注目される（建久二年正月二日条）。能員を義澄の「家子《いえのこ》」とする描写が存在することにも注意すると（『延慶本平家物語』第四）、能員は三浦一族とも血縁・姻戚関係を有しており、三浦一族にとって身内にあたる存在であった可能性が高い。

その点は、比企氏滅亡に際し、能員の妻妾・男子が、「好《よしみ》あるに依り」義盛に預けられ、安房へ送られたことからも窺える（建仁三年九月三日条）。すなわち、能員が義盛と「好」の関係にあり、三浦氏とも関係が深い安房に所縁があったことが示されている。『愚管抄』が能員を「阿波国ノ者」とするのも、安房と取り違えた可能性がある（石井一九九〇）。

十二世紀後半頃の南関東では、三浦氏や伊東氏など各国の国衙《こくが》在庁の有力者たちが、国の枠を越えた広範な通婚関係を持ち、「関東国衙ネットワーク」ともいうべき結びつきを形成していたことが知られている（高橋秀樹二〇一六）。右の関係を見ると、比企氏もその一角に食い込んでいたようであり、東国社会における比企氏の格付けや、比企尼を核とした頼朝の支援体制を考える上でも、重視すべき結びつきといえる。

三浦氏は、北条氏と結んで頼家や比企氏と対立したとされることも多いが（永井二〇一〇など）、そうした対立関係を前提とした見方には再考が必要だろう。

頼朝支援の道

伊東氏や三浦氏など、比企氏の南関東方面との結びつきは本来、伊豆の頼朝を意識したもので、頼朝の挙兵以前、東山・北陸道のネットワークに先行するものと解される。そうすると、相模の糟屋荘を本拠とした糟屋氏との婚姻関係の持つ意味にも関心が向く。

近年、南関東の交通路に関して、頼朝が鎌倉を拠点としてから整備が進んだ「鎌倉街道上道」に対して、それ以前から機能していた、西武蔵から相模中央部を南下し、武蔵・相模の両国府をストレートに結んでいた古代以来の幹線路、いわゆる「貢馬《くめ》の道」（都への貢馬輸送路）の重要性も強調されている（高橋一樹二〇一三、清水二〇一八）。

先述のように、比企氏にとって東山道武蔵路は特に重要な交通路だったといえるが、比企郡からこれを南下すると、比企尼の次女が嫁いだ河越を経て武蔵国府に至る。すなわち、武蔵国衙の有力者である河越氏との婚姻は、武蔵国府へのルート確保をも意味する。

そこから「貢馬の道」を南下すると相模国府に到達するが、その近傍で貢馬の通過する要衝であった大磯《おおいそ》駅を押さえていたのが、相模国衙の有力者の三浦氏である（高橋秀樹二〇一六）。そして、その先には頼朝が流人生活を送る伊豆があるわけで、この「貢馬の道」は、比企氏にとっては三浦氏・伊東氏につながる「頼朝支援の道」でもあった。

その「貢馬の道」沿いにも有力武士の本拠地が集中していたが、糟屋氏が本拠とした糟屋荘もこのルートに近接していた。その糟屋荘域の、背後に大山《おおやま》を擁し周辺地域を眼下に一望できる伊勢原市子易《こやす》地区では、最近の発掘調査によって、平安末期から鎌倉期、御堂や浄土庭園などを伴う宗教空間とともに展開した、大規模な拠点的な場の存在が注目されている（落合二〇二二）。これらの遺構は、糟屋氏が建立した極楽寺の伝承地にも絡むこと

図12　伊勢原市子易地区発掘状況（かながわ考古学財団提供）
子易・中川原遺跡の寺院遺構．西方（写真上）の山を背に前方に池状遺構（浄土庭園か）を擁する本堂，北に墳墓堂と墓所等が並ぶ伽藍が想定される．また遺構の北側に隣接して屋敷跡が確認され，さらに付近にも複数の大規模な屋敷跡（上粕屋・子易遺跡，神成松遺跡など）が検出されている．

から、糟屋氏の拠点に関わる可能性がきわめて高く、糟屋氏がこの「貢馬の道」沿いの地域でも並外れた存在感を誇ったことを示す痕跡といえる。

有季の娘は一条能保《よしやす》の子高能《たかよし》（母は頼朝の妹）に嫁いでおり、糟屋氏が京都にもつながりを有した点で興味深いが、仮にその母が能員の娘だとすると、高能の没年（建久九年）から見て、能員が有季を婿としたのは頼朝の挙兵以前に遡る可能性も出てくる。その場合、比企・三浦・伊東を結ぶルート沿いの有力者であった糟屋氏との婚姻は、頼朝支援のルート確保・維持にきわめて重要な意味を持ったことになる。仮にこの婚姻が時期的に降るとしても、その成立背景として、このルートの存在は無視できないだろう。

このように、比企氏が請所とした武蔵北部の比企郡から、頼朝の配所の伊豆に至るルート上の要所要所に築かれていた浅からぬ人脈は、頼朝を支援する上で有効に作用したに相違ない。糟屋氏や中山氏といった相模・武蔵南部の勢力との関係は、頼朝の流人時代に遡る、早い段階の活動の所産といえるだろう。

京都とのつながり

比企氏の人間関係は東国のみにとどまらない。次に京都との関係にも注意してみよう。

京都で生まれた頼朝を養育した比企尼は、頼朝が配流されるまでは在京していた。また、掃部允であった夫も本来在京の官人を出自としたか、武蔵と京都を頻繁に往復し、在京活動を通して任官した東国武士か、いずれにせよ京都との結びつきは強かった。さらに長女の丹後内侍も二条天皇に仕え、「無双の歌人」と呼ばれたという（『吉見系図』）。

能員も京都方面に人脈があったようで、頼朝時代には京都から下向した勅使や僧の宿所に能員の屋敷があてられていた。頼家期にも大番役のため信濃の御家人を率いて上洛し、また検非違使《けびいし》にも任官するなど、たびたび在京の機会があったと見える。

朝宗もすでに仁安《にんあん》三年（一一六八）に内舎人《うどねり》となっており（『山槐記』除目部類）、中央とのつながりは早い段階に遡る。そうした事情からか、朝宗はたびたび頼朝の命を帯びて上洛しているが、特に注目されるのは、頼朝の母の生家熱田大宮司《あつただいぐうじ》家との連絡を委ねられて上洛した事例である（熱田神宮文書、平四―二三四）。このことは、比企氏が熱田大宮司家とも何らかの接点を有したらしいことを物語るが（石井一九九〇）、仮にこの関係が平治以前に遡るとすると、頼朝の処遇をめぐる動きにも関わってくるだろう。

平治の乱後、平頼盛《よりもり》の郎等《ろうとう》に捕えられた頼朝は、頼盛の母池禅尼《いけのぜんに》の嘆願で死罪を免れたが、これには頼朝がかつて仕えた上西門院《じょうさいもんいん》（後白河上皇の姉）を通じた、熱田大宮司家関係者の働きかけも大きかったと考えられている。比企氏が熱田大宮司家を介して、池禅尼の家（池家）との接点を持ち得たとすれば、頼朝の配流時に平氏の知行国であった武蔵の比企郡に、頼朝に近い比企氏が「請所」を得られた背景には、池家の存在も想定しうる。

史料的には鎌倉末期に降るが、頼盛の子孫にあたる平顕盛《あきもり》は、比企氏の拠点の候補地である岩殿に隣接する「ひきのこをりの内いしさか《（石坂）》の村」（埼玉県鳩山町）に所領を伝えていた（朽木文書、鎌三一二〇七）。仮にその由緒が平治以前にあったとすると、比企氏が「請所」としたのは、具体的には池家が関与した所領であった可能性も浮上する。北条時政も、後妻牧《まき》の方《かた》の父で頼盛に仕えた牧宗親《まきむねちか》を通じて早くから池家とつながっていたというが（石井一九六五）、比企氏にも似たような関係がちらついている点は非常に興味深い。

ともあれ、このような在京活動を通じた中央とのパイプは、武蔵から東山・北陸道に及ぶ広範な影響力、頼朝支援ルートに由来する南関東との関係とともに、頼家を支えた比企一族の背後に広がる重要なネットワークであった。史料上ではあまり目立たないが、その基盤は決して弱体ではなかったのである。

外戚北条氏の立場

結果論と先入観

頼家にとって外戚である北条氏、ことに外祖父時政や母政子《まさこ》は、何かにつけ頼家と対立し、その排除を画策していたと見られがちだが、それは頼家と比企氏が排され、実朝《さねとも》を擁立した北条氏が台頭したという結果に基づく部分が大きい。実際には、頼家の重病により後継者が問題となる以前に、時政が実朝擁立を謀る行動を見せた事実は確認できず、頼家の継承直後からそうした動きがあった確証はない。したがって、北条氏との関係についても、従来の先入観にとらわれずに読み直してみる意義はありそうである。

外祖父時政の位置

頼朝時代の時政は、有力御家人といえる位置づけにはなかったが、頼家期になると、いわゆる「十三人の合議制」の中心とされ、また、正治《しょうじ》二年（一二〇〇）の元日には初めて椀飯沙汰人を勤めるなど、その地位を一気に上昇させたことから、御家人の首位に立ち、幕府の実権を握ったとの理解もなされていた（柏一九七九など）。

時政の上昇を身分の上で示すのが正治二年の叙爵、遠江守補任《ぶにん》であるが（同年四月九日条）、これも他の御家人に対する上位の地位の表明、あるいは比企氏への対抗意識など、時政自身の主体的意思の反映とされることが多い。だが、御家人官途の推挙権は鎌倉殿が固有に掌握し、かつ侍身分の受領《ずりょう》任官は認められなかったから（承元三年五月十二日条）、それが時政自らの手で実現されたとは考えにくい。

頼朝時代、知行国の国司は諸大夫身分の源氏一門にほぼ限られたが、熱田大宮司家の藤原憲朝《のりとも》（頼朝の母方の従兄弟）は頼朝の推挙で駿河守となっており（『玉葉』建久二年六月五日条）、外戚一族が源氏一門と同様に遇されるケースもあった。この例を参考にすると、時政が侍身分を脱して遠江守に任官しえたのも、頼家の外祖父として源氏一門に準じて遇されたゆえといえる。

その点は、頼家期に鶴岡八幡宮《つるがおかはちまんぐう》に派遣された奉幣使《ほうへいし》が、大江広元《おおえのひろもと》を除くと北条氏の人物（時政・義時《よしとき》・時房《ときふさ》・泰時《やすとき》）に限られたことにも表れている。これも頼朝時代は基本的に源氏一門が勤めていたから、頼家期のこの状況は、頼家との確執が強調されがちな義時や泰時を含めて、外戚一族が源氏一門に準ずる特別な立場で頼家を支えたことを示していよう。

正治二年、元日に時政が椀飯沙汰人を勤めた件も、同様な理解が可能である。頼朝期の椀飯沙汰人は、宿老《しゅくろう》クラスの有力御家人が主体であったが、その晩年（建久五・六年）には一門の足利義兼《よしかね》が彼らに先んじて元日に沙汰人を勤めており、沙汰人の家格の上昇が見られる。この形が継承されたとすると、時政の元日の沙汰人というのは、頼朝晩年の足利氏に対応する位置づけと解釈できる。すなわち、これも外祖父としての時政の立場が重んじられ、他の御家人層よりも上位、源氏一門なみの格付けを得たことの反映と取れる。時政の遠江守任官は、こうした処遇の変化を背景に、この年四位に昇った頼家＝鎌倉殿

表1－1　源氏将軍段階の鶴岡奉幣使

将軍	奉　幣　使
頼朝	足利義兼（一門） 大内惟義（一門） 中原季時 里見義成（一門）
頼家	大江広元（7） 北条時政（1） 北条義時（3） 北条時房（1） 北条泰時（1）
実朝	大江広元（9） 中原季時（3） 源朝親（1） 源親広（4） 北条義時（8） 北条泰時（2） 北条時房（3）

（注）カッコ内の数字は回数，頼朝期は各1回，実朝期ははじめ諸大夫層が主体，北条氏はいずれも承元2年以降.

表1-2　源氏将軍段階の椀飯沙汰人（元日〜3日）

将軍	年	元日	2日	3日	備　考
頼朝	養和元年	千葉常胤			
	建久2年	千葉常胤	三浦義澄	小山朝政	5日(宇都宮朝綱)
	建久3年	記載なし			
	建久4年	千葉常胤			
	建久5年	足利義兼			
	建久6年	足利義兼	千葉常胤	小山朝政	
頼家	正治2年	北条時政	千葉常胤	三浦義澄	4〜15日もあり
実朝	元久2年	北条時政		千葉成胤	
	建暦元年	北条義時	大江広元	小山朝政	
	建暦2年	北条義時	大江広元	小山朝政	
	建暦3年	大江広元	北条義時	北条時房	4日(和田義盛)

の推挙を経て実現したと見なされる。頼家の養育者・舅として重きをなした比企氏でも、ここまでの待遇や役割が与えられるには至っておらず、その意味では、頼家期を通してより重く遇されたのは北条氏であったといえる。

ただし、そのことは時政が頼家を抑え、幕府の実権を掌握したことをただちに意味するものではない。いわゆる「比企氏の乱」以後の状況に基づく先入観を持ち込まずに、頼家期における時政の立場を考えていく必要がある。

近年の幕府運営に関する分析では、頼家期の時政は、外祖父として「十三人の合議制」の構成員ではあったが、幕府の主導権を握るまでには至っていなかったとされており（仁平一九八九）、かつて考えられたほど突出した存在とは見なされなくなっている。

それでも、例えば楽人多《おおの》氏の所領継承の認可に際し「奉行」を勤め（正治元年十一月八日条）、また重要案件についてたびたび大江広元・三善康信《みよしのやすのぶ》と評議を行うなど（正治二年正月二十日条ほか）、『吾妻鏡』には十三人の主要メンバーとしての参画が見て取れる。文書史料でも、御家人の申請の頼家への取り次ぎや、頼家による決定や安堵《あんど》の認可を関係国の守護に通達するなど、幅広い動きが確認され、その存在感は広元・康信に次ぐものがある。

こうした動向からは、時政が外祖父として頼家を中心的に補佐し、支える役割を果たしたことが認められる（菊池二〇一九）。その点はいま少し重視されてもよいだろう。

母との距離感

頼家将軍記における政子は、事あるごとに頼家に厳しい言葉を発し、その鎌倉殿としての不適格性を印象づける役回りのようにも映る。それぞれの詳細は後述するが、インパクトに富む政子の言動は、頼家将軍記でもかなり目立っている。それゆえ、頼家と政子の関係は、母子の対立として説明されることも多く、政子が早くから頼家を疎《うと》んじ、自らの権力保持に執着して頼家政権を潰《つぶ》そうとしたとする主張も見られる（永井二〇一〇）。

しかしながら、もっぱら『吾妻鏡』の目立つ記事に拠って、母子対立をことさらに強調するのはいかがなものだろうか。この種の記事では、多くに政子の口から発せられた（設定の）「肉声」をその場で書き留めたかのような会話文が見えるが、従来、こうした「肉声」の史実性を疑わずに、その言動が評価されてきたように思われる。

これに対して、最近の研究では『吾妻鏡』の編纂物としての性格にも注意が向けられ、編纂時に依拠した原史料の問題も重視される中、政子の「肉声」にも検証のメスが入れられている。政子の発言には、漢語表現などを駆使して文飾が施されたものや（高橋秀樹二〇一五b）、早くに伝承化して流布していた政子関係の説話的言説の反映と見られるものが多く（黒嶋二〇一四）、政子自身の生の言葉がそのまま記録されたとは見なせない。それらを無批判のまま根拠として、頼家との関係を断ずるわけにはいかないだろう。

実のところ、『吾妻鏡』中でも、政子の「肉声」を伴うような際立って目立つ挿話を除けば、両者の関係は決して悪くない。政子の頼家に対する感情にしても、修禅寺《しゅぜんじ》に移された頼家の状況について報告を受けるや、「頗《すこぶ》る御悲歎」したとされるように（建仁三年十一月十日条）、母として疎んじていたというわけでもない。後述するように、頼家の没後、その子女を保護、後見したのは政子であり、また修禅寺周辺の頼家供養の痕跡には、政子

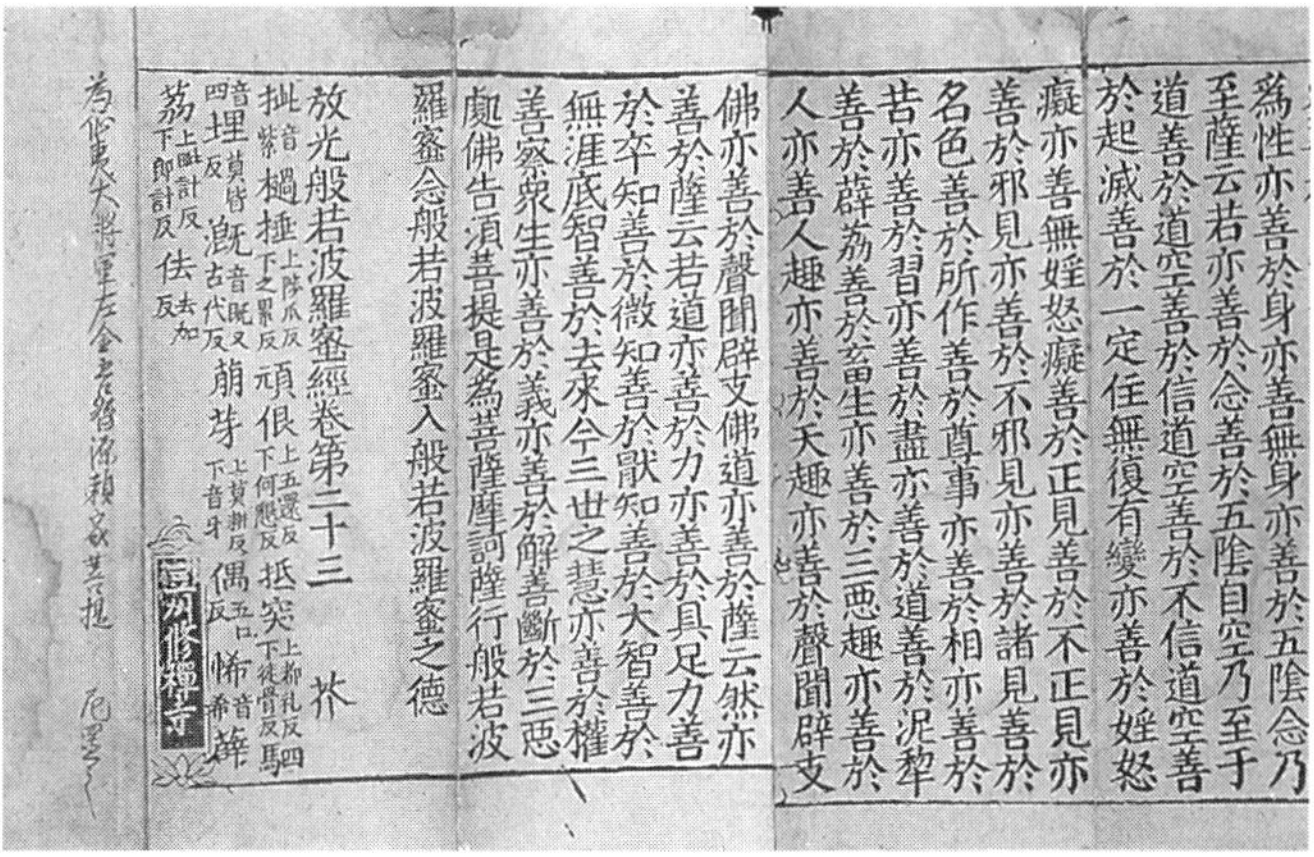
爲性亦善於身亦善無身亦善於五陰念乃
至薩云若亦善於念善於五陰自空乃至于
道善於道空善於信道空善於不信道空善
於起滅善於一定任無復有變亦善於婬怒
癡亦善無婬怒癡善於正見善於不正見亦
善於邪見亦善於不邪見亦善於諸見善於
名色善於所作善於尊事亦善於相亦善於
苦亦善於習亦善於盡亦善於道善於泥犁
善於薜荔善於畜生亦善於三惡趣亦善於
人亦善人趣亦善於天趣亦善於聲聞辟支
佛亦善於聲聞辟支佛道亦善於薩云然亦
善於薩云若道亦善於力亦善於具足力善
於卒知善於微知善於獸知善於大智善於
無涯底智善於去來今三世之慧亦善於權
慧佛告須菩提是爲菩薩摩訶薩行般若波
羅蜜念般若波羅蜜入般若波羅蜜之德
放光般若波羅蜜經卷第二十三　於
批音紫 㩉捶上陟瓜反下之累反 頑佷上五還反下何懇反 抵突上都礼反下徒骨反 駟四
埋音莫皆反 溉音既又古代反 萠芽上莫耕反下音牙 偶五口反 悕音希 薜荔上蒲計反下郎計反 佉去加反
豆州修禪寺
為征夷大将軍左金吾督源頼家菩提

図13　『宋版放光般若経』巻23（修禅寺所蔵，
伊豆市観光協会修善寺支部提供）
北条政子が頼家の菩提を弔うために納め，奥書は政子自筆と伝える．

図14　修禅寺指月殿（静岡県伊豆市）
北条政子が頼家の菩提を弔うために創建した一切経堂と伝える．

が主体となったと伝えられるものが多いこともあながち無視できない。

加えて、同時代のイメージの反映として近年注目されている甲斐善光寺の頼朝・実朝の木像は、政子の命で作製されたと考えられているが、本来はこれらとともに頼家の像も存在しており（近世に焼失）、合わせて「鎌倉三代将軍御影」と呼ばれていた（黒田二〇一二）。政子は実際に、頼朝・実朝と同様、頼家の供養にも努めていたといえるだろう。

もちろん、個別の事項に関してぶつかるケースもあっただろうが、少なくともそれは、両者が終始対立関係にあったとか、政子が頼家政権を潰そうとしたなどというレベルの話ではない。こうした固定観念にとらわれずに、両者の関係を見直していく必要がある。

尼御台所の影響力

一般に、政子は頼朝の没後、「尼将軍《あましょうぐん》」として君臨したイメージが強く、頼家の時代も、政子主導で展開したと見られることも多い。だが、頼家期に政子が重要な政治的決定を直接下したことが明確な事例は、史料上ではほとんど認められない。例外となるのは比企氏の追討命令だが、これが事実といえるかどうかは検討を要する。

実際、政子が直接の主宰者として現れるのは、亡夫頼朝に関わる仏事が主であった（正治二年閏二月二日条ほか）。また、亀谷《かめがやつ》の義朝邸の旧地に寿福寺《じゅふくじ》の創建を発願したのも政子であり（同十二日条ほか）、その堂舎には義朝の沼浜《ぬはま》の旧宅が寄進されたが、それも政子の夢想に義朝が現れたことによるという(建仁二年二月二十九日条)。

すなわち、頼家期に政子が主体となって動いたのは、頼朝の後家、家長たる立場に基づいた、仏事や祖先祭祀など頼朝＝鎌倉殿の家の内部に関わる事項が第一だったのであり、幕府の政治的な実権の所在とは区別して考える必要がある。

それらに次いで目立つのは、政子に近い人物の保護や処遇の改善などを頼家に働きかける行為である。ただこれも、政子が周囲の人々と鎌倉殿との間を取り持つ窓口となったことは想定できるが、それ自体非公式なルートである上に、政子の働きかけが頼家の決定に影響を及ぼすことはあっても、政子自身がその権限を握っていたことにはならない。

このスタンスは、実朝期も大きくは変化していない。実朝期には「尼御台所《あまみだいどころ》の御計らい」による対応や決定がなされたことが知られるが、その範囲はかなり限定的であった。「尼御台所の御計らい」などの注記がつき、政子が主導したとされる案件は、幼少時には鎌倉殿の機能を代行したと見られる決定も含まれるが、全体的には政子に近い人物や、政子の保護下にあった頼家の子女の処遇など、政子周辺に属する問題に大きく偏っており、重要な政治案件は、実朝のもと、広元や時政・義時らを中心に対応が進められた。

また、和田義盛が上総国司への推挙を希望した際、その是非を相談してきた実朝に対し、政子は侍身分の受領を禁ずる頼朝時代の原則を示し、「例を始めらるるの条、女性の口入に足らず」と答えたという（承元三年五月十二日条）。この件は通常、政子が実朝の意向を却下して影響力を示したものと解されているが、その後、実朝は義盛の推挙に前向きに動いていたこと、この直前に実朝が公卿となり、本格的に親裁を開始したとされることに注意すると（坂井二〇一四a）、むしろ実朝の主体的判断への干渉を避けた発言とも解釈できる。だとすれば、これも政子のそうした立ち位置をよく示す事例ということになる。

頼家・実朝が機能していた段階の政子は、頼朝の後家、家長としての影響力は認められるものの、頼家や実朝を抑えて幕府の実権を握っていたとまでは評価できない。「尼将軍」のイメージから距離を置いて、源氏将軍段階の政子を捉え直す必要がある。

北条氏と比企氏

頼家期は北条氏と比企氏の覇権争いの時代とされることも多いが、実際には頼家の重病によりその後継が問題となるまでは、両者の対立が表立って出てくることはない。

もともと両者は、挙兵前の頼朝を担ごうとしたとの情報が流れたとされるように、頼朝の主要な支援者として早い段階からの連携関係も想定される。その立場は世代を越え、それぞれ外戚の家、乳母夫さらには舅の家として、ともに頼家を支える立場にあった。

また、政子は頼朝とともにたびたび比企尼宅を訪問し、姉妹（稲毛《いなげ》重成《しげなり》の妻）の死に際しては能員の家に移るなど（建久六年七月九日条）、行き来も多かった。朝宗の妻越後局《えちごのつぼね》も政子に仕えており（文治四年正月二十二日条）、実際につながりは密接だったようである。

さらに建久三年（一一九二）には、頼朝の命により、義時と朝宗の娘（姫《ひめ》の前《まえ》）の婚姻が成立している。頼朝お気に入りの官女で容姿端麗だった姫の前に惚れた義時は、アプローチを重ねるもなかなか応じてもらえず、頼朝が間に入り、義時に離別しない旨の起請文を書かせた上で、姫の前に応ずるよう命じたのだという（同年九月二十五日条）。

注目されるのは、頼朝がこの婚姻を命じたのが実朝誕生の直後だったことである。頼朝としては、実朝の誕生に伴い、次世代の体制を盤石にしていくためには、ともに流人時代から頼朝を支え、将来は二人の子を中心的に支えることになる両氏の提携関係を、より強化していくことが重要だと考えたのだろう（坂井二〇二一）。

義時と姫の前との間には朝時・重時《しげとき》が生まれているが、その後、姫の前は京都で源《みなもとのとも》具親《ちか》に再嫁しており、おそらく「比企氏の乱」に伴い義時と離別したと見られる。裏を返せば、その間多少の確執などはあったにせよ、両者の関係自体は維持されていたといえる。

北条氏と頼家・比企氏の関係は、「比企氏の乱」という結果から対抗関係ばかりが強調されるが、最終的な結果を前提に、両者の対立関係を頼家の鎌倉殿継承の当初、あるいはそれ以前からの既定路線として考えるべきではない。

近習と宿老

側近集団としての近習

次に、頼家の周囲に仕えた側近を見ていこう。頼家の側近としてまず想起されるのは、「彼の五人の外、別の仰せにあらずば、諸人たやすく御前に参昇《さんしょう》すべからず」（正治元年四月二十日条）などと、特別扱いを受けたとされる近習たちであろう。

その「五人」として名前が挙がっているのは、小笠原長経・比企三郎・比企時員《ときかず》・中野能成《よしなり》の四名である。一名落ちているが、少なくともこの四名は、頼家の近習の中核と見てよい。彼らとともに、頼家が安達景盛の妾を北向御所《きたむきごしょ》に召した際、特に参入を許された和田朝盛《とももり》・細野四郎（兵衛尉）や（正治元年七月二十六日条）、蹴鞠《けまり》の常連メンバーであった北条時房（時連《ときつら》）・富部《とんべ》五郎（同年十一月十八日条ほか）といった面々が主要どころであり、本来「五人」であったとすると、落ちているのは彼らのうちのいずれかだろう。

このうち、能員の子比企三郎・時員、時政の子時房は乳母夫・外戚の縁者であるが、他の面々についても、その出自に注意すると、興味深い実態が浮き彫りになる。

近習の筆頭格となる源氏一門の長経は、先述の信濃守加賀美遠光の孫で、父長清《ながきよ》も伴野《ともの》荘（長野県佐久市）を拠点とするなど、信濃との関係が密接であった。また、能成の本拠は同国中野郷、富部氏も『平家物語』諸本に「信濃国住人」と見えており、能員が守護と目代を兼ねた信濃をベースとする者が多い。和田朝盛も祖父義盛が能員と「好」の関係にあったから、頼家の主要な近習は、比企氏のネットワークに連なる者が主力をなしたことになる。そのため、比企氏滅亡の際、『吾妻鏡』編者の整理では、長経・能成らは能員と親しい関係にある与党と見なされることとなる（建仁三年九月四日条）。

ただし、頼家の主要な側近集団は、早い段階で北条氏や比企氏に絡む者の中から選ばれていた可能性が高い。例えば長経と時員は頼家の着甲始《よろいきぞめ》にも参加しており、その関係は頼家の幼少時に遡る。頼家の周囲を比企氏のネットワークを中心に固めていく形は、頼朝の構想するところでもあったのだろう。また、時房も建久六年（一一九五）に頼家が鶴岡八幡宮などに参詣した際、能員と並んで供奉人《ぐぶにん》の筆頭に挙がっており（同年十月二十六日条）、若君時代からの側近と見なしてよいだろう。

ところで、『吾妻鏡』上で彼らが登場するのは、安達景盛の妾の一件や、鎌倉中での念仏僧の弾圧、あるいは蹴鞠や狩猟など、頼家の低評価につながる場面が目立つ。そのため、彼らは暗君の取り巻きとして、その「失政」をあおる存在と見られがちである。

だが後述するように、蹴鞠や狩猟といった芸能は単なる遊興にとどまるものでなく、政治的・軍事的にも重要な意味を持った。彼らがこうした芸能の心得も備えた者たちであったことは軽視できない。特に狩猟には彼らの多くが供奉し、「内《うち》の勢子《せこ》」など特別な役割が与えられた。また建仁元年（一二〇一）、頼家が犬を飼うにあたり長経・能成・時員らの近習も飼口《かいくち》に選ばれたが、その人選の根拠は「狩猟を事と為すの輩」という点にあった（同年九月十八日条）。すなわち、本来的には武芸の素養に長けた者が近習に選ばれたのであり、将軍直属の軍事力としての存在意義も見逃せない（山本幸司二〇〇一）。

時政のスパイ!?

ところで、頼家の近習には、その動きを監視する目的で、時政が側近に送り込んだと考えられてきた者たちがある。

その最右翼は時政の子時房だが、他に中野能成も、『吾妻鏡』では比企氏に連坐したとするものの（建仁三年九月十九日条）、文書史料ではほぼ同時に時政から安堵を受けており（市河文書、鎌一三七八）、史料間で矛盾が生じていることから、やはり時政が送り込んだスパイと見る考えが根強い（石井一九六五ほか）。

しかしながら、この見方は、時政が当初から反頼家の立場にあったことが前提となる。先述の通り、現実には時政も外祖父として頼家を支える役割を果たしていたことを踏まえると、これには従えない。そもそも時房は、頼家の若君時代からの側近と見られるが、それには、彼の素養を評価した頼朝の意志が大きかったと考えられる（岩田二〇一六）。

能成の立場にしても、『吾妻鏡』の「比企氏の乱」関係の記事については根本的な史料批判が必要であり、記事の内容をそのまま鵜呑みにできないところもある。

能成と時政との関係を考える上では、「頼家ガコト（殊）ナル近習」（『愚管抄』）とされた新田《にった》（仁田）忠常《ただつね》の事例も参考になる。忠常は、頼家の長子一幡の乳母父とされるにもかかわらず（『鎌倉年代記』裏書）、時政の命で能員を殺害し、結局は北条氏側に滅ぼされた。つまり忠常の場合、頼家の側近であり、かつ比企氏にも近い位置にありながら、一方で時政の被官的側面も持つという立場にあり、その人間関係が災いして滅亡したといえる。能成の場合は、同様な関係によって逆に救済された事例といえるだろう。

似たようなケースは有力御家人層にも認められる。和田義盛は能員と「好」の関係にあったが、「比企氏の乱」では時政側に立った。頼家の近習であった孫の朝盛も比企氏滅亡の影響はほぼ受けておらず、和田氏の取った立場がその処遇を左右したのだろう。また、時政の婿であった畠山重忠は、頼家の側近に仕えながらも、「比企氏の乱」では「父子の

表2 「十三人の合議制」のメンバー

	メンバー	頼朝期の地位	儀礼	頼家期の政務関与
吏僚層	大江広元（52）	政所別当		評議・奉行・申次・文書発給他
	二階堂行政（?）	政所令・別当		文書発給
	三善康信（60）	問注所執事		評議・奉行・訴訟執申
	藤原親能（57）	公事奉行人		奉行
東国御家人	和田義盛（53）	侍所別当	甲弓	奉行
	梶原景時（?）	侍所所司	弓	奉行（正治元年末追放）
	三浦義澄（73）	宿老	甲弓	（正治2年没）
	八田知家（?）	宿老	甲弓	（阿野全成誅殺）
	比企能員（?）	宿老	甲	申次・訴訟執申
	安達盛長（65）	宿老		（正治2年没）
	足立遠元（?）	宿老	甲弓	
外戚	北条時政（62）	（頼家外祖父）	弓	評議・奉行・執申・文書発給他
	北条義時（37）	（頼朝近習）	甲弓	囚人の対応協議（正治2年4月10日）

（注）　カッコ内の数字は正治元年時点の年齢，儀礼の「甲」は文治4年の着甲始（ただし義時は頼朝側近の立場），「弓」は同5年の弓始の参加を示す．

礼」を重んじて時政側についたとされる（元久二年六月二十一日条）。

このように、頼家の側近に仕えることと、比企氏とつながりがあることと、比企氏と命運をともにすることとは次元の異なる問題であった。また頼家の側近であっても、他方で御家人どうしのネットワークも多様に張り巡らされており、そうした人間関係の中で、有事の際にはそれぞれの事情に応じた身の処し方が選択されるのである。

したがって、時房や能成らの事例は、彼らが決して頼家の取り巻き集団として孤立していたのではなく、各自が時政ら有力御家人との接点を広く併有していたことの表れに過ぎない。時政が意図的にスパイとして送り込んだとするのは、陰謀論にすぎよう。

宿老の重要性

近習たちは頼家よりやや年長の若年層が主体で、頼朝時代の義時らのように、将来的に中心となるべき候補者であったと思われる。よって当時の幕府では重要政務を担うような地位にはなく、具体的な政務への関与はほぼ見られない。その場面で力を発揮するのは、やはり頼朝時代から中枢にあった宿老たちである。

頼朝時代に「宿老」とされたのは、頼朝を軍事的・経済的に支えた関東各国の国衙在庁の筆頭格の有力武士が主であった。具体的には、挙兵後間もない段階で、千葉常胤《つねたね》・上総《かずさの》介広常《すけひろつね》・三浦義澄・土肥実平《どひさねひら》が「宿老の類《たぐい》」とされたのが早い例で（治承四年十一月四日条）、文治年間には、他に小山朝政《おやまともまさ》・三善康信・岡崎義実《よしざね》・足立遠元《あだちとおもと》・安達盛長が、主要

八田知家《はったともいえ》・比企能員も加わったと見られる（建久六年八月十五日条）（高橋慎一朗二〇一六b）。さらに建久年間には「宿老」として挙がるようになり（文治二年十二月一日条）、な

先に触れたように、これらの面々は、頼家の誕生から成長の過程に行われた儀礼で中心的な役を勤めた者とおおむね重なるが、そのうち最長老格の常胤と義実、頼朝生前に史料上から姿を消す広常と実平、年少者の朝政を除き、後述するいわゆる「十三人の合議制」の構成員にそのままつながっていくことになる。

つまり、十三人の陣容は、これらの頼朝期に「宿老」といわれた面々と、頼朝期の政所《まんどころ》（大江広元・二階堂行政）、問注所《もんちゅうじょ》（三善康信）、侍所《さむらいどころ》（和田義盛・梶原景時）、公事奉行人《くじぶぎょうにん》（藤原〈中原〉親能）という家政機関・実務担当のトップに、外戚の北条氏（時政・義時）を加えた構成となる。頼朝を中心的に支え、また頼家の誕生以来、その成長を見守ってきた面々が、頼朝時代から継続して頼家・幕府を支える中心的役割を果たしたといえよう。

従来、御家人集団は頼家に信頼を寄せず、北条氏を筆頭に反頼家・比企氏の立場にあったと見るのが普通で、「十三人の合議制」も「失政」を繰り返す頼家に対する御家人集団の反発から導入されたと考えられてきた。だが実際には、北条氏も頼家を支える役割を果たしており、また広元や義盛らは多くの案件で奉行を勤め、頼家の信頼も厚かった。

頼朝は死去に際して出家・遁世《とんせい》しないよう遺言したというが（正治元年十月二十五日条）、実際に出家した宿老層はわずかであった。このことは、残された宿老の多くが頼朝の遺志を汲んで、頼家を支える選択をしたことの表れといえるだろう（坂井二〇二一）。必ずしも一枚岩ではなかったとはいえ、彼らのサポートの重要性は軽視できない。

頼家政権を読み直す

鎌倉殿の継承

頼朝の死去

『吾妻鏡《あずまかがみ》』の記事が欠落する建久《けんきゅう》七年（一一九六）以降、幕府の動向はわかりにくいが、その間、元服を済ませた源頼家《みなもとのよりいえ》は、建久九年に比企《ひき》能員《よしかず》の娘（若狭局《わかさのつぼね》）との間に長子一幡《いちまん》を儲けている。頼朝《よりとも》の血統を直接継承すべき男子の初孫の誕生が、頼朝や政子《まさこ》を歓喜させたであろうことは想像に難くない。

一方で頼朝は、頼家の姉大姫《おおひめ》の入内《じゅだい》をめざすが、建久八年七月に大姫が病死し、いったん挫折する。その後、頼朝はさらに次女三幡《さんまん》（乙姫）の入内をめざしたという。

朝廷の状況も大きく変化した。建久七年には藤原兼実《かねざね》が関白を罷免され、その政敵にあたる源通親《みちちか》が急速に影響力を強めた。さらに建久九年には後鳥羽《ごとば》天皇が譲位し、土御門《つちみかど》天皇が四歳で即位した。この譲位には、土御門の外戚となる通親の存在も作用したようで、頼朝は幼主を好まず難色を示したものの、後鳥羽の強い意志に押されて同意したという。

そうした中、頼朝はたびたび兼実に書状を送り、「必シヅカニノボリテ世ノ事ヲサタセント思ヒタリケリ、万ノ事存《ぞん》ノ外《ほか》ニ候」（『愚管抄《ぐかんしょう》』）と、三たび上洛して朝幕関係の再構築を図ろうと考えていたらしい（橋本一九九二）。頼朝はまだまだ意欲旺盛で、貴族社会に仲間入りして間もない頼家が鎌倉殿《かまくらどの》を継承するのも当分先、のはずだった。

ところがその年末、稲毛重成《いなげしげなり》が妻の追福《ついぶく》のために造営した相模川の橋供養《はしくよう》に参列した頼朝は、帰途落馬して病を得たといい（『鎌倉大日記』）、翌正治《しょうじ》元年（一一九九）正月十一日に出家すると、二日後の十三日に他界した。もっとも、「飲水《いんすい》」（糖尿病）であったとの情報もあり（『猪隈《いのくま》関白記』同年正月二十日条）、落馬が直接的な死因かどうかは不明だが、後にこの橋の修復が幕府で検討された際、宿老《しゅくろう》たちはこの件を根拠に修復不要と結論づけており（建暦二年二月二十八日条、実朝《さねとも》はこれを却下して修復を命じた）、同時代的には、この落馬が頼朝の死に直結したとする見方があったことは事実だろう。

朝廷の対応

京都では、正月十五日ごろから頼朝出家・死去の風聞が出ていたようだが（『愚管抄』）、十七日の夜、幕府の飛脚が到来して頼朝の出家が伝えられた（『明月記』正月十八日条）。

さらに二十日には頼朝が十三日に死去した旨の情報も入ってくるが、同日の臨時除目《りんじじもく》では通親が右近衛大将《うこのえのたいしょう》、頼家が左近衛中将《さこのえのちゅうじょう》に補された。藤原定家《さだいえ》は、通親らが頼朝の死去を知りながらこれを隠し、まだ生きている体を装って頼家の任官を強行したのは「人倫に背く」対応だと強く非難している（『明月記』同月二十・二十二日条）。

ただし、事実関係としては、この日の未刻《ひつじのこく》に除目が始まり、その後源隆保《たかやす》が参入してきて、頼朝の死を報ずる幕府の飛脚到来を伝えたという流れであった（『明月記』同月二十日条）。すなわち、除目自体は頼朝の死が正式に伝わった時点ですでに進行中であり、頼朝の死により急遽強行されたわけではない。頼家の中将も既定路線だったが、頼朝の出家を受けて継承が急がれたところに、頼朝死去の情報が入ってきたのである。そこで朝廷側が円滑な継承を最優先と見なし、臨機の対応として、除目は頼朝死去の情報が入る前に行われたという形を取ったということだろう。

頼家が継承したもの

武家政権の首長が代々征夷大将軍に補任《ぶにん》された歴史を知る後世の視点では、「二代将軍」である頼家は、頼朝の征夷大将軍をそのまま継承したような感覚もあるが、実際に頼家が征夷大将軍となるのは、鎌倉殿継承から実に三年半が経過した建仁《けんにん》二年（一二〇二）七月まで降る。すなわち、頼家の鎌倉殿継承の時点では、征夷大将軍はいまだ武家政権の首長を定義づける必須の地位というわけではなかった。

では、頼家は具体的に頼朝の何を継承したのだろうか。

『吾妻鏡』の頼家将軍記は、正治元年二月六日、左中将となった頼家のもとに正月二十六日付けの宣旨が到来したことをうけ、吉書始《きつしよはじめ》を取り行ったところから始まる。その宣旨の内容は、「前征夷《さきのせいい》将軍《しようぐん》源《みなもとの》朝臣《あそん》の遺跡《ゆいせき》を続《つ》ぎ、宜《よろ》しく彼の家人《けにん》・郎従《ろうじゆう》等をして旧《もと》の如く諸国の守護を奉行せしむべし」というものであった。すなわち、朝廷が頼家に継承を命じた頼朝の「遺跡」は、御家人たちを指揮して「諸国の守護」を勤めさせることであり、御家人たちは、頼家の指揮下で引き続き「諸国の守護」にあたるとされたのである（『百練抄』正月二十五日条）。

朝廷にとって幕府の果たすべき役割は、建久の新制で定まった平時における全国の治安維持、具体的には殺害以下の狼藉の取締りであり、それこそが諸国の「守護」であった（島津家文書、鎌九五〇）。つまり頼家が頼朝から継承したのは、この段階での幕府の国制上の位置づけに基づく、「諸国の守護」の統括者という鎌倉殿の本質的立場に他ならない。それゆえ、鎌倉殿の交替に伴い幕府の体制に空白が生じ、諸国の治安維持の機能に支障を生じさせないためにも、頼家への迅速かつ円滑な継承は必須だったといえよう。

鎌倉殿の家を継ぐ

頼家は征夷大将軍を直接継承したわけではなかったが、嫡子として頼朝のおこした鎌倉殿の家を継ぐという点で、征夷大将軍を含む頼家の経歴は注目される。

先述のように頼家は建久八年末、従五位下を飛ばして従五位上に叙爵され、また鎌倉殿の継承に際しては、五位のまま近衛中将（五位中将）となる特例的な扱いを受けた。これらは主として摂関家の子息に付与される傾向にあることから、朝廷を主導する通親が、頼家に摂関家子息と同格の待遇を与えたものと解されている（元木一九九七ほか）。

ただ頼家の場合、摂関家子息が元服とほぼセットとなる禁色宣下《きんじきせんげ》は四位に叙されてからであり、また、公卿昇進時に中将を辞して左衛門督《さえもんのかみ》に転じていることからすると、摂関家子息より明らかに格下であり、単純に摂関家並みとは見なせない。鎌倉殿の家が摂関家に準ずる格式を得るのは、摂関家子息に近い昇進コースを経て、近衛大将と大臣を兼ねるに至った実朝の段階をまたねばならない（高橋秀樹二〇一二）。

それでも、一般公卿層より上位の扱いには相違なく、そこにはやはり父頼朝が獲得した地位が反映されたと見られる。貴族社会における父頼朝の政治的地位にも注意しつつ、頼家の処遇を今少し掘り下げて考える必要がありそうである。

まずスタート地点となった建久八年の除爵《じょしゃく》・任官だが、これに先立つ頼家の元服を受けて、頼朝側から申請されたものだろう。このうち、本来諸大夫《しょだいぶ》層には認められない近衛少将への任官は（『官職秘抄』）、もともと諸大夫であった鎌倉殿の家が、公達《きんだち》の身分を獲得したことを意味する。頼朝が公卿に列し、権大納言・右近衛大将を経歴したことに対応して、その家格が引き上げられた結果といえる（高橋秀樹二〇一五ａ）。

頼朝の死と重なった近衛中将への昇進もその延長上にある。十八歳での中将任官は、同

表3　源頼家の略歴

年　　月	略　　歴
寿永元年(1182)(1)	誕生
建久6年(1195)6月(14)	上洛，参内
8年(1197)12月(16)	従五位上・右近衛少将
9年(1198)正月(17)	讃岐権介
11月	正五位下(院御給)
正治元年(1199)正月(18)	左近衛中将(鎌倉殿継承)
2年(1200)正月(19)	従四位上(院御給)・禁色
10月	従三位・左衛門督
建仁2年(1202)正月(21)	正三位
7月	従二位・征夷大将軍
建仁3年(1203)正月(22)	正二位
9月	病により出家
元久元年(1204)7月(23)	没

（注）　カッコ内の数字は年齢.

時期の摂関家子息よりはかなり遅れているが、その若さでの任官は、摂関家に次ぐ清華家《せいが》に匹敵する。なお、五位中将は摂関家子息に多いものの必須ではなく、従来村上源氏にも複数見られ、近い時期では藤原経宗《つねむね》の子頼実の例もあり、強調材料としては弱い。

一方、従五位上での叙爵は摂関家でも「大臣嫡子」が原則で（『玉葉』安元元年三月六日条）、現任の大納言子息への適用は違例であった（『公卿補任』正安二年、藤内経）。他方、摂関家以外でも、「前太政大臣」藤原（徳大寺）実基《さねもと》の長子公孝《きんたか》の事例（『公卿補任』文永四年）などが見られ、大臣嫡子に相当する扱いと解される。頼朝自身は実際には大臣になっていないが、頼家にはそれに準ずる処遇が認められたということになろう。

これらの状況を見ると、頼家の貴族社会への参画は、頼朝の政治的地位に対応しつつ、清華家の上位層に近い処遇で進められたようである。

なお、後の摂家将軍藤原頼経《よりつね》の元服後の任官申請に際しては、頼朝以来の先例を検討し、頼家や実朝の先例は不吉として忌避すべきとの考えもあったが、結局は頼家の先例でもある右少将に落ち着いた（『明月記』嘉禄二年正月二十九日条）。鎌倉殿継承者のスタート地点として、初例となる頼家の先例も一定程度意識されたと見られる点は興味深い。

ところで、貴族社会では「家」の継承において、父祖の経歴した官職などに就任し、その家格に即した政治的地位を踏襲することが重要な指標の一つとなっていた（高橋秀樹一九九六)。その点を重く見ると、建仁二年、従二位への昇進とともに父と同じ征夷大将軍となったことは、頼家にとって名実ともに頼朝のおこした「家」を継ぐことを意味したと思われる。実朝以後、征夷大将軍が鎌倉殿の地位とセットになるのも、頼朝・頼家二代にわたる補任が前提となる。頼家の征夷大将軍就任は、その後同職が武家の首長たる鎌倉殿の標識ともいうべき地位となっていく端緒としても重要であろう。

後鳥羽上皇との関係

貴族社会における頼家の処遇は、父頼朝の政治的地位に対応したものと見られるが、その後頼家が若年で父と同じ二位に昇り、征夷大将軍となるまでの過程には、今一つ注意すべき人間関係がありそうだ。

鎌倉殿継承時に正五位下であった頼家は、翌正治二年正月に従四位上に叙されると、さらに同年十月には従三位にのぼって公卿に列し、左衛門督に転じた。これが頼家の極官《ごっかん》となるので、後世「左衛門督《さえもんのかみどの》殿」「(左)金吾《きんご》将軍」と呼称されることになる。原則として公達層の中納言・参議から任ぜられた左衛門督に(『官職秘抄』)、鎌倉を動かず、非参議であった頼家が任ぜられたのは、後に「別儀」とされている(『職源抄』)。

このような特例的な任官とともに、この間の頼家の位階は、同時期の摂関家子息たちに迫る速さで上昇しているが、頼家の場合、途中従四位下・正四位下を飛ばすことでそのスピードを得ている点も注意される。父頼朝も越階を重ねて二位に至っているが、頼家も同様に特例的な昇進を重ねていったことになる。あわせて注目されるのは、二度にわたって「院御給《いんおんきゅう》」によっている点で、特に二度目は正治二年、正五位下から従四位下を飛ばして従四位上に叙された時であった（『公卿補任』）。すなわち、頼家の昇進の背景には、後鳥羽上皇の存在も大きかったことが窺える。

後鳥羽上皇との関係といえば、「官打《かんう》ち」とまでいわれた実朝の破格の昇進に注意が向くが、目立たないながらも頼家の位階の上昇スピードも相当なものである。ともすると上皇の意向により、自らの院政を支えるべき存在として、父頼朝の引き上げた家格に見合う地位への早期の引き上げが目指された部分もあったのではなかろうか。

実際に、両者の関係も良好に推移していた。頼家の継承直後、妹の三幡が病に冒されており、幕府は名医の誉れ高い丹波時長《たんばのときなが》を招聘したが、時長が鎌倉行きを渋っていたことから、上皇が院宣《いんぜん》を発して下向を命じ、治療にあたらせている。頼家も宿老クラスの御家人に交替で饗応させるなど時長を厚遇し、帰洛の際の諸負担・人馬も手厚くサポートした。三幡は六月三十日に他界したが、それを知った上皇は早速弔問の使者を鎌倉に遣している（七月二十三日条）。また建仁元年、頼家が蹴鞠《けまり》の上足《じょうそく》（名手）の下向を要請した際にも、これに応じて紀行景《きのゆきかげ》に鎌倉下向を命じており、蹴鞠を通した公武交流にも一役買っていた。

後述するように、頼家の鎌倉殿継承以降、幕府は大江広元《おおえのひろもと》を中心に上皇との協調路線を重視したとされる（上杉二〇〇五）。その一方で、上皇の側も頼家の待遇面をはじめ、鎌倉側にかなり配慮し、協調関係を維持する姿勢を見せていたといえるだろう。

政権の始動

頼家の継承を認める宣旨が鎌倉に到来すると、二月六日、「政所《まんどころ》」で吉書始が行われた。

この吉書始に参加したのは、頼朝時代の政所のスタッフである大江広元および二階堂行《にかいどうゆき》光《みつ》・平盛時《もりとき》・中原仲業《なかなり》・三善宣衡《のぶひら》や、問注所執事《もんちゅうじょしつじ》で吉書の起草者である三善康信《みよしのやすのぶ》、測地の技術にすぐれ、頼家期の訴訟の実検にも活躍した源光行《みつゆき》といった文士たちであった。

図15　源頼家画像（模写，東京大学史料編纂所所蔵）

同時にこの儀式には、外祖父の北条時政《ときまさ》、侍所《さむらいどころ》を掌る和田義盛《わだよしもり》と梶原《かじわら》景時《かげとき》、および三浦義澄《よしずみ》・八田知家《はったともいえ》・比企能員といった頼朝期の宿老格で、次に見る十三人のメンバーの上位者が加わっている点も興味深い。このことは、この吉書始が単なる家政機関の儀式にとどまるものでなく、頼家政権の始動に際して、頼朝期の宿老層と、家政機関を担う文士たちが、総体として若い頼家を支えていく路線を象徴的に示すものであったといえよう。

　ところで、この儀式の開催にはやや問題があった。宣旨が下されたのは頼朝の死後二十日も経ていない正月二十六日で、幕府側はこのタイミングでの始動は好ましくないと考えていたようである。だが「綸旨《りんじ》」を重んじて審議を重ねた結果、「内々の儀」として実施することになったという（二月六日条）。すなわち、幕府の体制の円滑な継承を求める朝廷側の意向を重視して対応したということになる。頼家政権は、朝廷との連携を重視する姿勢のもとにスタートを切ったのである。

「十三人の合議制」と政所・問注所

「十三人の合議制」をめぐって

頼家政権が始動して二ヶ月ほどした正治元年（一一九九）四月十二日、幕府では次のような方針が出された。

諸訴論の事、羽林《うりん》（頼家）直《じき》に聴断せしめ給うの条、これを停止せしむべし。向後大小の事において、北条殿・同四郎主ならびに兵庫頭《ひょうごのかみ》広元朝臣・大夫属《たいぶのさかん》入道善信（三善康信）・掃部頭親能《ちかよし》〈在京〉・三浦介義澄・八田右衛門尉知家・和田左衛門尉義盛・比企右衛門尉能員・藤九郎入道蓮西《れんさい》（安達盛長）・足立《あだち》左衛門尉遠元《とおもと》・梶原平三景時・民部大夫行政《ゆきまさ》等、談合を加え、計らい成敗せしむべし。其の外の輩、左右なく訴訟の事を執申《とりもう》すべからざるの旨、これを定めらると云々。

もろもろの訴訟について、頼家が「直に聴断」するのをやめ、今後は有力御家人・文士からなる十三人が「談合」を加え、「計らい成敗」することとし、彼ら以外が訴訟を「執申す」ことを認めないと定めたもので、一般に「十三人の合議制」と呼ばれている。

この措置は従来、頼家が政権を始動するや、たて続けに頼朝の先例を覆す失政を重ねて御家人集団の反発が強まったため、政子や宿老たちによって早々に親裁権を奪われたものと見なされてきた。と同時に、メンバーの筆頭に並ぶ北条氏が御家人集団の首位に立ち、幕府の実権を掌握したものと見て、執権政治の起点と解されてきた向きもある。

この体制の導入主体を政子とする考えは、すでに近世の『大日本史』に見られ、『大日本史料』の綱文《こうぶん》にも用いられている。だが少なくとも史料上からその形跡を見出すことはできず、頼家期の政子は、具体的な政務への直接的な関与がほとんど見られないことを踏まえると、その主体が政子であったとは考えにくい。

また、先に強調したように、宿老たちはその誕生・成長の過程から頼家を支える立場にあり、当初から集団として頼家への対抗・排除の姿勢を見せていたとはいえない。宿老との対立の根拠も、頼家が五百町を超える新恩地の返納を打ち出し、「宿老」が反発したとされる件や（正治二年十二月二十八日条）、鶴岡放生会《ほうじようえ》に向かう際の行列に随兵《ずいひよう》を伴わない「新儀」を「古老」が歎いたとされる件（建仁元年九月十五日条）など、それ以後の事例が持ち出されることも多い上に、これらの事例には、編者サイドの解釈や評価が加わっている部分もあり、字面通りに受け取ってよいかは検討の余地がある。

そもそも、鎌倉殿を継承して早々、失格の烙印が押されるというのも唐突な感がある。これまでの研究では、政子や宿老が早々に頼家を見放し、実権を剥奪するに至る根拠として、その直前の三月に相次いだ頼家による「失政」が重視されてきたが（杉橋一九八一ほか）、そうした実権の剝奪を前提とした筋立てにも問題があろう。

「失政」の始まり？

第一の「失政」とされるのは、後藤基清《もときよ》の讃岐守護職を罷免し、近藤国平《くにひら》を後任としたことである（三月五日条）。これには、「幕下《ばっか》将軍（頼朝）の御時定め置かるる事、改めらるるの始め」という、以後頼朝の先例が次々と否定される序章ともとれる評語が付されており、頼家による「失政」の第一歩と見なされてきた。

すなわち、頼朝が補任した守護の罷免は、頼朝による決定を覆し、御家人の権利を否定する強権の発動であり、また守護の器にない国平の守護補任は、頼朝時代の秩序を無視した人事として、御家人の反発を招く「失政」とされたのである（柏一九七九）。

だが、もともとこの人事は、二月に京都で起きた源通親襲撃未遂事件（三左衛門事件）に関与した、基清と中原政経《まさつね》・小野義成《よしなり》の三人の左衛門尉に対する朝廷の処分を受けたものので、この対応には、幕府側で通親とつながりの深かった大江広元が介在した可能性も高いという（上杉二〇〇五）。すなわち、朝廷と幕府の連携のもとで進められた部分が大きく、頼家個人による不当な強権の発動というわけではない。

また、国平の守護補任を問題視するのは、文治《ぶんじ》元年（一一八五）、「指したる大名にあらざる」国平が、畿内近国の狼藉停止を担う使節に抜擢された記事（同年二月五日条）から、守護クラスの御家人より格下と見たことによると思われる。だが、そもそもこの人事を行ったのは頼朝であり、しかも国平自身、秀郷《ひでさと》流藤原氏の系譜を引き、「島田権守」を称して駿河・伊豆に広く展開した近藤氏が出自とされており（『尊卑分脈』）、著しく格下というわけでもない。加えて、上洛後の国平は畿内近国・西国での戦後処理に重要な役割を果たしており、その経歴を踏まえれば、ここで西国の要衝である讃岐の守護に国平をあてるのは、むしろ理にかなった人事といえる。

この日の記事には天候記載があり、事実関係は日記類をもとにした可能性もある。だが、「幕下将軍の御時定め置かるる事、改めらるるの始め」という評価は、以後の出来事についての知識もないと下せない。よってこの部分は、編者サイドによる後代の視点からの位置づけであり、字面通りに受け取ることはできない。

佐々木盛綱の款状

次に同月二十二日条には、挙兵以来の有力御家人佐々木盛綱が、「幕下の御代」とは比べようもなく落ちぶれ、所領も召し上げられてしまった、との款状《かじょう》（嘆願書）を提出した話が見える。すなわち、事実であれば、頼家が継承直後に最古参の御家人から所領を没収したことになり、頼朝による御恩を否定し、有力御家人を抑圧する暴挙とも見なしうる。

だがこの記事には、どのような経緯でどの所領を没収されたのか、結局ここで何を訴えたのか、具体的な中身が見えない点に不審がある。

実は、『吾妻鏡』中の盛綱流佐々木氏が単独で登場する記事には、注意を要するところがある。例えば、盛綱が頼朝から御感《ごかん》の仰《おお》せを蒙った（元暦元年十二月二十六日条）、越後国の検断《けんだん》を守護人とともに管掌する任務を盛綱が承った（建保三年十月十日条）など、佐々木氏の立場で記された地の文や、佐々木氏の家の内部の問題に幕府が介入したと取れる記事（貞応二年十月二十一日条）など、佐々木氏側の解釈の反映と見られる不自然な記述が目立つのである。

特定の家の記事に共通して同質の問題が見られる要因として、これらの記事が共通の出所になる原史料を用いた可能性が考えられる。そこで参考になるのが次の話である。

宝治《ほうじ》二年（一二四八）、盛綱の孫実秀《さねひで》が恩賞を申請する申状《もうしじょう》を幕府に提出した。そこには、祖父盛綱が頼朝の挙兵以来勲功を重ねて多くの恩賞を得ていたが、父信実《のぶざね》（主に実朝〜頼経の時代に活動）の時に所領を没収され、現在は困窮しているという旨が記され、自家代々の詳細な由緒を載せた書付《かきつけ》も添付したという（同年六月二十一日条）。すなわち、盛綱流佐々木氏の記事に、盛綱が「承った」等の佐々木氏の立場に基づく言い回しが多いのは、この書付に載せられた、佐々木氏が代々果たしてきた実績を述べた部分を原史料に用いたゆえと推定される。その場合、盛綱の「款状」の記事についても、この書付あるいは実秀の申状の内容をもとにした可能性が浮上する。

ただし注意されるのは、実秀の主張によれば、自家が所領を失ったのは盛綱の子信実の時とされており、盛綱の段階は、むしろ多くの恩賞を得た繁栄の時代として対比されている点である。盛綱の「款状」の内容は、実秀が認識する家の由緒とは矛盾する。

とすると、この「款状」の記事は、本来信実以降の状況を述べた内容を、編纂サイドが「幕下の御代に異なる」にかけて頼朝から頼家への継承直後と解釈し（または意図的に）、盛綱の訴えとして配置した可能性が考えられる。つまり、実秀の認識に誤りがなかったとすると、二十二日条の内容自体、頼家期の事実でない可能性すらあるのである。

伊勢神宮領の地頭停止

さらに翌二十三日条では、遠江・三河・尾張に所在する伊勢神宮領六ヶ所の地頭職を停止して寄進している。これも前日条と連動して、頼朝が御家人に与えた所領を取り上げる政策が相次いで強行された印象を与える。

ただこの地頭職の寄進も、代始《だいはじめ》に伴う「別の御祈願」という目的によるものであり、こうした祈禱目的の寄進や、本所領家《ほんじょりょうけ》に配慮した地頭職の停止は、頼朝時代から決して少なくない。特に寄進された六ヶ所のうち、遠江の蒲御厨《かばのみくりや》の地頭は外祖父時政であったが、その後も鎌倉末期まで北条氏がこれを相伝している点に注意すると、寄進自体が永続的、全面的なものではなく、時政の提供あるいは同意を得た、代始の祈願に特化した一時的、部分的なものであった可能性もある。とすると、単純に御家人から地頭職を没収するのとは質の異なる処置ということになろう。

以上のように、これら一連の出来事は一見、御家人を抑圧する政策のようにも映り、その意図で記事が並べられた可能性もないとはいえない。けれども、その背景や史料的な問題点などにも留意すると、必ずしも頼家が独断で強行したものともいえず、かつ朝廷や本所領家との連携・協調という基本路線は読み取れても、ここで急いで実権を奪わねばならないほどの「失政」と断ずるには、十分な説得力を持たない。すなわち、その「失政」を問題視して実権を剝奪した、という図式は成り立ち難いのである。

見直される位置づけ

近年の研究では、そもそもこの体制が頼家から実権を取り上げる性格のものだったかという点も含めて、再検討が進められている。それらの成果をもとに、この体制の位置づけを考えてみよう。

第一に、この体制の導入により、頼家の親裁自体が否定されたわけではない、ということである。この記事は従来、北条本のテキストに基づいて、頼家に訴訟を直接「決断」させないという文脈から、親裁権の剝奪と解釈されてきた。しかし、現実にはその後も頼家自身が訴訟での尋問や裁決、政治的な判断を行った事例が、『吾妻鏡』の記事にも、確実な文書史料にも少なからず見えており、決してそこから排除されてはいなかった。

この時期の『吾妻鏡』では最も良質なテキストになる吉川本では、この部分が「直に聴断」するのを停止したとあること、また後段では、十三人以外の者がむやみに訴訟を「執申」してはならないとしていることを踏まえると、ここで制約されたのは、頼家が訴訟を裁決することではなく、頼家に対する直接的な訴訟提起であったと考えられる。すなわち、頼家に訴訟を取り次ぐことができる者を宿老クラスの十三人に限ることで、訴訟制度に一定の枠を作るものであったと見なされる（五味二〇〇〇）。

第二に、この体制が一般的には「十三人の合議制」と呼ばれ、十三人の固定メンバーが合議するイメージが強いものの、実際には十三人全員の合議による決定・裁決がなされた形跡がないことである（仁平一九八九）。現実的な問題として、在京の多い親能は合議への参加は難しく、義澄・盛長・景時は間もなく死去・没落しているから、全員が揃う機会もほとんどない。実際の合議の事例を見ても、参加者はこのうちの数名であった（ただし、本来「十三人」である必然性はなく、それが体制の崩壊や機能不全を意味するわけではない）。

こうしたことから、近年では、この体制に将軍の独断を防ぐ機能を認めつつも、それは決して頼家から親裁権を奪う性格のものではなく、宿老たちが頼家に訴訟を取り次ぎ、彼らの合議を経て頼家が最終判断を下す方式を導入することで、むしろ頼家の権力を補完する体制が整えられたものと評価されている（川合二〇〇九）。さらには、当初の十三人のメンバーが多く頼朝時代の宿老と重なることを踏まえ、頼朝末期に実態として存在した宿老が幕政の運営に関与する方式が、引き続き頼家補佐のシステムとして再確認されたものとして、頼朝時代からの連続性を見る考え方も出てきている（高橋一樹二〇一三）。その場合、若年の頼家が頼朝の跡を継承するにあたり、頼朝を支えてきた面々が頼家補佐の体制を固める形は、むしろ頼朝の遺志に基づく対応であった可能性も浮上する。

「十三人の合議制」のすがた

では、いわゆる「十三人の合議制」とは、実際にはどのようなものであったか、いくつかの事例をもとに、その機能、役割を見てみよう。

正治二年、頼家は陸奥国葛岡《くずおか》郡の新熊野《いまくまの》社領の堺相論《さかいそうろん》を裁定した（同年五月二十八日条）。この件は、頼家の親裁権剝奪の反証となる事例であるとともに、係争地の絵図の中央に線を引いたという判決内容でも著名である。その点は後述するとして、ここでは頼家の裁定に至るまでの流れに注目する。

この訴訟は本来、惣地頭《そうじとう》畠山重忠《はたけやましげただ》の裁定を求めたものだったが、新熊野社の格式を考慮した重忠はこれを幕府に委ねた。重忠は訴訟を「執申」できる十三人には含まれないから、十三人の一人である三善康信の取り次ぎを経て、頼家が裁定するという手順を踏んでいる。すなわち、十三人による訴訟「執申」の具体例としても重要である。

他にも、建仁元年（一二〇一）、前年に罪科を得ていた佐々木経高《つねたか》が赦免を訴えた際、まず北条時政に款状を提出し、それが康信を経て頼家に至り、「評議の淵源《えんげん》を究め」た上で赦免となった事例や（同年五月六日条）、文書史料でも、宇佐大宮司職の譲与の申請が時政を経て頼家の認可を得た事例が知られる（皇学館大学図書館所蔵文書、鎌補四五〇）。

これらの事例から、この体制のもとでは、御家人一般が訴訟・申請を行う際、基本的に十三人のいずれかが取り次ぐ形が取られたこと、彼らが「談合を加え、計成敗」することとは、頼家が裁定を下すにあたり、「評議の淵源を究め」ることを示すと解される（仁平

る審議）の例

案　　件
宣旨（頼家の継承）への対応
室平重広の追討
景時弾劾の連署状への対応
景時追討軍の派遣
勝木則宗の罪名定ほか
吉田親清の罪名定
梶原景高妻の所領安堵
佐々木経高の処分
大規模新恩地の返納・再分配
城資盛の追討
佐々木経高の赦免
奥州への使節派遣（微妙父捜索）

脈となっているもの．参加者欄のカ

表4　頼家期の合議（「評議」「沙汰」等複数人によ

日　　条	参　加　者
～正治元年２月６日	記載なし
正治元年７月16日	記載なし
～正治元年12月18日	記載なし
正治２年正月20日	時政・広元・康信
正治２年２月６日	広元・康信（宣衡・行光）
正治２年４月10・11日	広元・義時・康信
正治２年６月29日	記載なし
正治２年８月２日	記載なし
～正治２年12月28日	記載なし
建仁元年４月３日	時政・広元・康信
建仁元年５月６日	記載なし
建仁２年３月８日	記載なし

（出典）『吾妻鏡』による．
（注）日条の「～日付」は，その日までに審議がなされた文
ッコは，13人のメンバー以外の者．

一九八九）。すなわち、この体制の導入は、御家人の訴訟・申請のルートを鎌倉殿への直訴ではなく、十三人のメンバーが取り次ぐ形に整理し、彼らの「談合」「評議」によって鎌倉殿による裁定を準備する体制を整えたものとして評価できる。

彼らによる「評議」は諸事項の決定に際してもたびたび行われており、この「評議」を踏まえて頼家が最終的判断を下すのが、頼家期の政治の基本スタイルであったと理解され

る。史料上で確認できる裁定や決定の奉行も、実務にあたった家政機関（政所）の吏僚《りりょう》を除くと、ほぼ十三人のメンバーに限られており、特に主要機関の長である広元・康信・義盛、および外祖父時政を奉行とする事例が多い。

このように、頼家が裁定や決定を下すにあたり、その全般において宿老の果たした役割は大きかった。その点からも、彼らは頼家をサポートする立場にあったといえよう。そして、この形は実朝期にも継承されており、一過性のものではなかった点も重要である。

ところで、「十三人の合議制」が必ずしも頼家から実権を奪ったものではないとすると、導入直後の四月二十日、小笠原長経以下の近習《きんじゅう》五人について、鎌倉中で狼藉があっても「甲乙人」は敵対してはならないこと、また彼ら以外の「諸人」が、むやみに頼家の御前に参上してはならないと定めた件との関係も重要な問題となる。これは従来、「十三人の合議制」の導入に反発した頼家が、宿老に対抗する目的で、自身の取り巻きを特別扱いしたものと解されてきたが、その位置づけにも見直しが必要となる。

まず、前段の鎌倉中での近習の狼藉の取扱いに関しては、その対象は鎌倉中の「甲乙人」や「村里」であって、宿老に関わるものではない。事実とすればこうした特別扱い自体に問題もあろうが、少なくとも宿老への対抗手段とは見なせない（坂井二〇一二）。

一方、後段の近習以外の「諸人」を御前に参上させないことについては、頼家への直接的な訴訟提起を認めない体制のもとでは、「諸人」が頼家に直接つながり、訴訟を提起しうるルートを制約する必要があったのではなかろうか。とすれば、これも訴訟制度の整備上必要な措置であったことになり、むしろ十三人による訴訟の取り次ぎ体制の導入と連動するものとして、対極の評価を施す余地も生まれてくるだろう。

いわゆる「十三人の合議制」が、実際には頼朝時代の宿老や家政機関の長などが引き続き頼家を補佐するものであり、継承直後から暴走する頼家への掣肘《せいちゆう》という従来強調されてきた動機づけが通用しないとなると、その背景についても別の観点から考えていく必要が生ずる。

問注所の整備

そこで、頼家の継承に伴う幕府の動きに注意すると、まず直前の四月一日、御所の郭外に問注所が新築され、三善康信を執事として業務が開始された点が注目される。「十三人の合議制」導入とほぼ同時に、訴訟事務にあたる問注所がリニューアルしたのである。

もともと問注所は、元暦《げんりやく》元年（一一八四）に訴人・論人の対決の場として御所内の一角に設けられたが、諸人が群集して騒ぎを起こすとして問題になり、他所への移転が検討されていた。そうしたところ、対決の際に憤った熊谷直実《くまがいなおざね》が出家騒動を起こしたのを機に、康信の家を用いるようになったという（建久三年十一月二十五日条、正治元年四月一日条）。

頼朝時代の問注所は、主要機関としての活動実態が明確でないこともあり、政所の下部機関と見なされることもある。これに対して、独立した庁舎を持つに至った頼家期には、「勘状《かんじょう》」を作成し、所見を上部へ送達する第一次的責任を持つ機関として権限の拡大が進み、訴訟機関としての存在感を示すようになる（マス一九七八、佐々木二〇〇八ほか）。

例えば、北部九州の沿海部を拠点とする松浦党《まつらとう》の面々が、鎌倉に赴いて頼家から安堵《あんど》を受けた際、本所側の使節も鎌倉に下向して「問注を遂げ」たという（伊万里《いまり》文書、鎌一〇八四）。すなわち、ここで頼家が安堵の裁定を下すにあたっては、当事者の「問注」も重要な根拠となったと解されるが、この「問注」は問注所で行われたようで、当事者による「問注対決」に基づいて「問注所之勘状」が作成されていた（集古文書、鎌一五〇九）。

このように、頼家期には、訴訟の審理過程で問注所が担う機能の重要性が高まりつつあったと見られるが、四月の問注所のリニューアルはその起点と位置づけられるだろう。すなわち、訴訟取り次ぎの体制の導入と並んで、頼家への代替わりに伴って進められた訴訟制度の整備の一環として評価できる（五味二〇〇〇）。

家政機関（政所）と文書

頼家の時代になって充実を見た機関は問注所のみにとどまらない。問注所と同様に、政所の存在感が増していることも注意される。

先述のように、頼朝政権の始動にあたり「政所」で行われた吉書始には、実務を担う家政機関の幹部・職員と、宿老クラスの御家人が参列し、総体として若年の頼家を支えていく方向が示されたと見られる。この儀式が他ならぬ「政所」で実施されたのには、頼家政権における「政所」の位置づけの重要性が反映されているように思われる。

ただし、この時点で五位の頼家はまだ政所開設の資格は持たないので、この場合の「政所」は正規の政所ではなく、頼朝時代の政所の庁舎を継承した、政所に準ずる家政機関ということになる。その点は、当時の文書様式にも反映されている。

正治元年六月、頼朝の妾であった大宮局《おおみやのつぼね》（「仁和寺姫御前」と呼ばれた頼朝の娘を産んでいた）が、頼朝の死去に伴って鎌倉を離れるにあたり、四天王寺に寄進されていた関東御領の河内国氷野《ひの》領の預所・地頭職を付与する下文《くだしぶみ》が発給された（菊亭文書、鎌一〇五五）。この下文に署判した中原（大江）広元・二階堂行政・掃部允《かもんのじょう》惟宗某（孝尚か）は、頼朝時代の政所のスタッフと重なり、またその案件も政所の管轄下にあった関東御領に関するものであることから、この頼家の家政機関は、組織・機能としては頼朝時代の政所を継承したものと見てよいだろう。とはいえ、その時点の頼家の地位に基づいて、政所下文ではなく、単に「下す」で書き出し、署判者も政所職員の肩書（別当《べっとう》・令《れい》など）を用いない様式の下文が発給されたのである。

なお、この様式は続く実朝政権でも、実朝が公卿になるまで同様に用いられた。幕府文書の様式の確立や変遷を考える上でも、頼家期の発給文書のあり方は注目される。

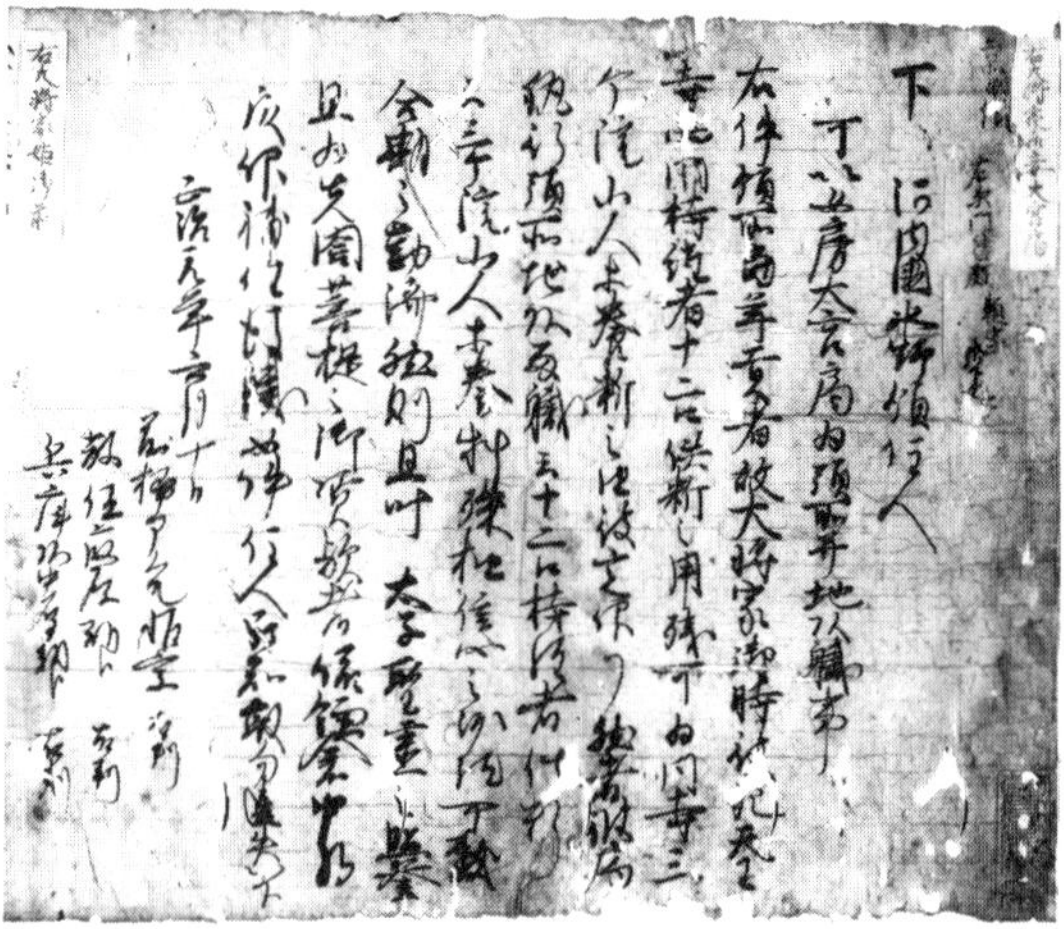

図16　正治元年６月10日源頼家家下文案
（京都大学附属図書館所蔵）

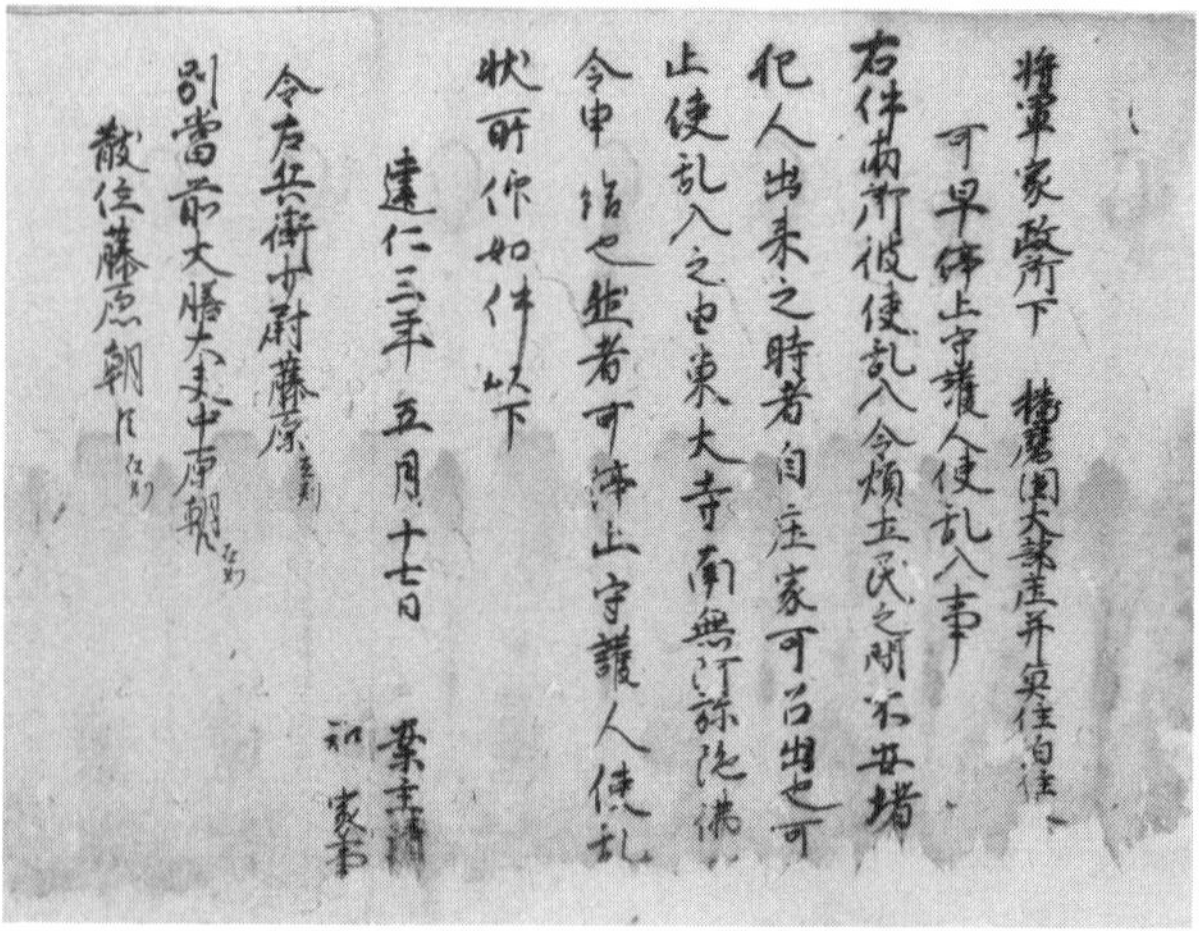

将軍家政所下　播磨国大部庄并住人
可早停止守護人使乱入事
右件庄所被使乱入令煩土民之間不安堵
他人出来之時者自庄家可召出之可
止使乱入之由東大寺南無阿弥陀仏
令申也者者可停止守護人使乱
状所仰如件以下
建仁三年五月十七日　案主清原
知家事
令左兵衛少尉藤原　在判
別当前大膳大夫中原朝臣　在判
散位藤原朝臣　在判

図17　建仁３年５月17日将軍家政所下文案（国立公文書館所蔵）

頼家が政所の開設資格を得るのは翌年十月、従三位に昇り、左衛門督となった時だが、さらに建仁二年の征夷大将軍就任後には、播磨国大部荘《おおべのしょう》・魚住泊《うおずみのとまり》への守護使の乱入を停止する「将軍家政所下文」の発給が確認できる（雑古文書、鎌一三五八）。すなわち、公卿昇進に伴い「左衛門督家政所」、さらには「将軍家政所」が開設され、様式も正規の政所下文に切り替えられたと見られる。「左衛門督家政所」の下文は現存しないが、建仁元年に頼家が左衛門督を辞そうとした際、政所に「御位署《ごいしょ》を略す」ことを命じており（同年十二月二日条）、「左衛門督家政所」での文書発給自体は行われていたようである。

訴訟機構としての「政所」

実朝の時代には、政所による裁許の下文・下知状《げちじょう》が多く出されるとともに、訴訟の中で御教書《みぎょうしょ》・奉書《ほうしょ》を発し、奉行を勤めるなどその中心的位置にあったのが、二階堂行光や清原清定《きよさだ》ら政所スタッフであったことから、政所は訴訟機構として充実を見せ、政権の重要な権力基盤として機能したことが注目されている（マス一九七八、五味二〇〇〇）。だがこうした傾向は、実朝期になって初めて現れたものではなかったようである。

例えば、頼家末期の建仁三年、筑後国上妻《こうづま》の未処分地の相論について、上妻家宗《いえむね》の知行を認めた頼家の裁許を奉じて伝達したのは、政所令の行光であった（上妻文書、鎌一三五四）。すなわち、すでに頼家期の段階で、訴訟において政所スタッフが中心的な役割を果たす形は見えており、実朝が幼少の鎌倉殿として擁立されると、その傾向が一段と進んだものと考えられる（五味二〇〇〇）。

そして、その端緒は頼家期の早い段階まで遡ると見られる。次の史料を見てみよう。

下す　筑後国河北《かわきた》庄官等

早く停止《ちょうじ》すべき、家兼《いえかね》の地頭職の事

右、件の家兼社家の挙達に依り彼の職に補任し、尤も報賽《ほうさい》を致すべきの処、還て所当を掠《かす》め取り、神用を闕怠《けったい》す。仍て地頭を改易すべきの由、其の訴え有り。然れば、家兼に於ては停止に従うべしてえれば、鎌倉殿の仰せに依り下知件の如し。以て下す。

正治二年六月十四日

前（マヽ）掃部允惟宗判

散位藤原朝臣（行政）判

大膳大夫中原朝臣（広元）判（北野神社文書、鎌補三六三）

正治二年、北野社の訴えにより筑後国河北荘の地頭《じとう》の停止を命じた下文の写である。第一に注目されるのは、この文書が下文でありながら、書止《かきとめ》に後の下知状の文言が含まれる点で、鎌倉殿の裁許を受けて発給される下知状の初期の形態と見ることもできる。第二に、広元以下の署判者が先の正治元年の下文と完全に一致することから、これが頼家の家政機関（政所）が発給した裁許の下文と判断される点が注意される。すなわち、この時期の

「政所」が、鎌倉殿の裁許を反映した下文（下知状）を発行すべき訴訟機構としても機能したことを物語る。したがって、頼家期の政所は先行する家政機関の段階から、若い鎌倉殿を支える訴訟機構として、その役割が強化されたといえるだろう。

問注所のリニューアルやいわゆる「十三人の合議制」の導入など、頼家の継承に伴って訴訟制度の整備が進められる中、頼家の家政機関（政所）を整備・充実させる取り組みも、並行して進められたと見られる。あるいは、早い段階で宿老が頼家を補佐する形を整え、政所・問注所の機構を充実させることは、本人の資質に関わりなく、若年の鎌倉殿をトップとする体制を固めるための既定路線であった可能性も考えられる。

頼家の訴訟対応

頼家政権は、頼朝時代の宿老たちや、機構として充実がはかられた政所・問注所などによるサポートの上に機能していたと考えられる。いわゆる「十三人の合議制」も、頼家から親裁権を奪うものではなく、宿老クラスの重鎮が頼家を補佐する体制と捉えられる。

絵図の中央に線

もっとも、そうした体制を整えたとしても、頼家自身が「暗君《あんくん》」である以上は、結局意味をなさないということにもなる。例えば、頼家による親裁として、先述の陸奥国葛岡郡新熊野社の境相論を裁いた事例がよく知られている。

陸奥国葛岡郡新熊野社僧、坊領の境を論じ、両方文書を帯し、惣地頭畠山次郎重忠の成敗を望む。重忠辞して云く、当社領内に在りと雖も、秀衡《ひでひら》管領の時、公家の御祈禱を致さしめ、今又武門の繁栄を祈り奉るの上は、重忠自ら処し難してえれば、則ち大夫属入道善信に付けてこれを挙用す。仍て今日、羽林彼の所進の境の絵図を召し覧じ、御自筆を染め、墨を其の絵図の中央に曳《ひ》かしめ給いおわんぬ。所の広狭は其の身の運否に任すべし。使節の暇《いとま》を費し、地下《じげ》に実検《じっけん》せしむるにあたわず。向後境相論の事に於ては、此くの如く御成敗あるべし。若し未尽の由を存ずるの族に於ては、其の相論を致すべからざるの旨、仰せ下さると云々。（正治二年五月二十八日条）

惣地頭畠山重忠から三善康信を経て上がってきた境相論について、頼家は提出された絵図を見ると、自ら筆を取ってその中央に線を引き、「土地の広狭は自身の運に任せよ。使節を派遣する手間をかけ、現地で実検を行うまでもない。今後、境相論はこのように裁決する。審理が尽くされないと思う者は、相論自体起こしてはならぬ」と命じたという。

すなわち、ここで語られた頼家の親裁の姿といえば、現地の状況もろくに調査せず、絵図の中央に線を引き、裁判の結果は「運」だという理非を無視した乱暴なもので、頼家の「暗君」ぶりを象徴する代表例とされている。

だが、この逸話がどこまで事実に立脚したものかは疑問である。この日条には天候記載がなく、以前に遡って訴訟の経緯を説明する文脈であることから、同日に記された日記類ではなく、全体をまとめて知ることのできる後代の文書・文献が原史料と見なされる。

『吾妻鏡』中には他にも新熊野社関係の記事が散見するが、そのうちにはこの記事と同様に同社の訴訟を扱ったものがあり、しかも当事者にとって不本意な判決である点で共通することを踏まえると（建暦元年四月二日条）、これらの記事の原史料の候補には、新熊野社の訴訟関係の文書が浮上する。その場合、裁定を不服とした当事者側の主観に基づく主張が、記事に反映された可能性がある点にも注意が必要である。

実際、この直後の八月、算術と測量にすぐれた側近の僧大輔房源性《げんしょう》が、まさに堺相論の実検のため陸奥国伊達《だて》郡に下向し、十二月になってようやく鎌倉に戻ったことが確認される（正治二年十二月三日条）。「使節の暇を費し、地下に実検せしむるにあたわず」という方針は、この事実と明らかに矛盾する。

また、建仁二年（一二〇二）におきた武蔵国別符《べっぷ》郷の兄弟相論でも、源光行らを現地に派遣して実検を行ったという訴訟の経過が記されており（集古文書、鎌一五〇九）、現実には先の方針とは異なる対応がなされていたことは、文書史料でも裏づけられる。

このように、記事の原史料の問題にも注意しつつ、また頼家政権がこうした相論を実際にどのように扱っていたかという点を精査すると、絵図に線を引いた話は、やはり事実を記録したものとは見なし難く、これを全面的に信頼して頼家の姿勢を断ずるのは躊躇される。他の訴訟の事例も踏まえて、その姿勢を見直していく必要がある。

そこで重視したいのが、文書史料から読み取れる頼家政権の訴訟への対応である。当時の文書史料や、後代の文書史料で、頼家期の審理や裁定に言及したものに目を向けて、頼家期の裁判の流れや手続き、裁定の有り方にアプローチしてみよう。

文書史料に見る頼家の訴訟対応

頼家の鎌倉殿継承直後の正治元年（一一九九）五月、法住寺殿跡《ほうじゅうじどの》の後白河院陵に営まれた法華堂の所領であった美濃国富永《とみなが》荘の領家が地頭の件を幕府に訴えたところ、「領家申さるるの次第、其の謂《いわ》れ候。仍《よっ》て地頭職を停止せられ候なり。」と、頼家が領家側の主張に正当性を認め、地頭職を停止する旨を書状で伝えている（湖山集、鎌補三二一）。

こうした手続きは『明月記《めいげつき》』にも類例が見える。翌正治二年、領家を勤める伊勢国小阿《こあ》射賀御厨《ざかのみくりや》での地頭の「張行《ちょうぎょう》」（強引なふるまい）に悩まされていた藤原定家は、交渉を重ねた結果、地頭を交替させることを伝える頼家の書状を得ている（『明月記』同年八月二十八日条など）。このように、荘園領主側との交渉により領主側の主張に理を認めた場合には、地頭の停止や交替などの対応を行うという、それ相応の判断力はあったといえるだろう。なお、こうした対応が書状形式で行われているのは、領主側との交渉には書状を用いたという父頼朝の方式（菊池二〇〇八）が継承されたものと考えられる。

ただ、見方によっては、これらは後鳥羽上皇の影響力を背景とする領主側の圧力に屈した軟弱な対応とも取れなくはない。そこで、次の事例にも注目してみよう。

高野山領の備後国大田《おおた》荘は、頼朝時代に三善康信が地頭に補任されていたが、頼家が鎌倉殿を継承すると、高野山側が地頭の停止を求める訴訟を繰り返すようになる。それに対して正治元年九月、地頭職をめぐるこれまでの経緯や、地頭側の陳状《ちんじょう》の内容を踏まえて頼家が下した裁定は、大田荘は平家没官領《へいけもつかんりょう》である上に、前任の地頭が謀叛の咎《とが》で処分されたため、謀叛人跡として康信に地頭職が与えられたものであるから、改易は認められないというものだった（高野山文書、鎌一〇七八）。

この件に関して、高野山側はその後も地頭職の停止を求めて再三にわたり訴訟を繰り返していたが、貞応《じょうおう》二年（一二二三）の訴訟における地頭側の反論には、頼家期の訴訟に関する興味深い内容が含まれている（同右、鎌三一八〇）。

ここでは、「故左衛門督殿（＝頼家）の御時」に「本願上人（＝鑁阿《ばんな》）」がたびたび訴えたものの「非拠《ひきょ》」として取り上げられず、地頭側が裁許を受けたことを示し、鎌倉に赴いて地頭の停止を訴えた鑁阿と頼家とのやりとりが引かれている。それによれば、鑁阿が「故殿（＝頼朝）」の消息により地頭の停止が認められたと主張したのに対し、頼家は「故殿」が康信を地頭に補任したので解任はできないとした上で、地頭による「僻事《ひがごと》」の有無を尋ねたところ、鑁阿は指したる「僻事」はないと答えたという。鑁阿自身、「僻事」があったとは主張していない旨を地頭側に伝えており（同右、鎌一一四三）、その点は高野山側も認めていた。康信は前任者の残した注文に基づいて任務にあたっていたというから（同右、鎌一〇七八）、実際に先例の範囲内での穏当な経営に努めていたらしい。

結果、頼家は大田荘の地頭補任は頼朝時代の決定で正当なものであること、同時に地頭に不当な行為が見られないことをもって、地頭の改易を認めないという判断を貫いたのだった。すなわち、頼家は地頭に不当な行為がなく、領主側の要求に正当な根拠が認められない場合には、領主側からのゴリ押しを却下していたのである。

このように、文書史料や同時代の記録によれば、先の絵図に線を引いた件を根拠として一般的に評されてきたような、理非を無視した裁定を強行する頼家の姿は見られない。むしろ頼家は、訴訟制度の整備が進む中で、宿老たちや政所・問注所のサポートを得ながら、それなりに理非を踏まえ、筋の通った裁定を下していたといえるだろう。

頼家の基本姿勢

これらの事例を踏まえると、先の新熊野社の相論での対応は、やはり現実のものとは見なし難い。とはいえ原史料も想定可能であり、完全な捏造記事ともいえないから、一定程度の実態は反映されていると思われる。そこで、この一件の本質はどこにあったのか、その意味するところを今少し考えてみたい。

そもそもこの一件は、陸奥での「坊領の境」をめぐる紛争が幕府に持ち込まれたものだった。その経緯に注意すると、この少し後に定められた次の規定は目を引く。

陸奥・出羽両国の諸郡郷地頭の所務の事、秀衡・泰衡《やすひら》の旧規を守るべきの旨、故将軍の御時定めらるるの処、おのおの動《やや》もすれば境以下のこと、非論を成すの間、彼の例に任すべきの由、今日重ねてこれを定めらる（正治二年八月十日条）。

奥州合戦後、頼朝は陸奥・出羽の地頭の所務について、奥州藤原氏時代の規定に基づいて執り行うように命じていた（文治五年十月一日条）。しかしながら、頼家の時代に入って、境以下の件について「非論」＝不当な訴訟を起こす者もあるというので、藤原氏時代の先例を守るよう重ねて命じたというものである。

この方針に即してみれば、奥州藤原氏以来の先例を維持するという頼朝が定めた原則が守られている限りは、境相論などは起こり得ないのであり、かつて「秀衡管領」のもとにあった新熊野社の「坊領の境」をめぐる相論は、まさしく頼朝時代の定めに反する「非論」に他ならない、抑制すべき事案であったことになる。

その一方で、このことは同時に、この種の訴訟を幕府に持ち込もうとする者が少なくないという実態をも示すだろう。例えば、頼家の代始にあたり伊勢神宮に地頭職が寄進された三河国一楊御厨《ひとつやなぎのみくりや》では、神宮側が実力で地頭代を追放しようとしたことについて、頼朝逝去直後の狼藉は遺恨をなすとして問題視されたように（正治元年三月二十三日条）、代替わりに伴い、頼朝時代の権利関係を改めようとする動きが起こり、実力行使を伴うトラブルに発展するケースもあった。頼家の代始に伴って実行に移された訴訟制度の整備も、現実的にはそうした状況への対応も視野に含まれた可能性もあるだろう。

その中にあって、頼家期の訴訟対応の基本方針は、当事者に問題がない限り、頼朝時代以来の権利関係を第一に尊重するのが大原則であったと考えられる。この方針は頼家末期の裁定にも反映されており（上妻文書、鎌一三五四）、頼家期を通して維持された。すなわち、頼家政権が重視したのは、代替わりに伴って各地で発生した紛争や訴訟を抑え、頼朝時代に定まった権利関係を維持し、遵守させることだったのではなかろうか。とすれば、頼家の訴訟に臨む姿勢についても、その評価は変わってくるだろう。

折中・中分による解決

以上を踏まえて、さらに想像をたくましくすると、絵図の中央に線を引いたとされる対応も、実際には当事者間での折中・中分《ちゅうぶん》を命じたことが、その裁定を不服とする当事者側によってこのように主張された、という可能性は考えられないだろうか。その場合、一見乱暴に映るこの措置についても、異なる解釈が生まれてくる。

例えば、先述の富士の巻狩で起こった曽我兄弟の仇討事件の根源をなす、伊東祐親《すけちか》と工藤祐経《すけつね》の所領相論では、両者の争いを裁いた本所・領家が「所帯においては半分ずつ知行すべき」との令旨《りょうじ》・御教書を発給したという（『曽我物語』真名本、巻第一）。

頼朝のもとでも、内蔵寮《くらりょう》済物《さいもつ》の運上所であった阿波国麻殖《おえ》保の知行をめぐる保司と地頭の争いで、内蔵寮への納入分を除いて中分が命じられており（文治四年三月十四日条）、係争地を中分する形での裁決はなされていたらしい。また、先に触れた武蔵国別符郷の相論で作成された「問注所之勘状」には、父親が兄弟で「半分知行すべし」と契約したとの情報も載せられており、判決に際してはこの点も重視されている（集古文書、鎌一五〇九）。

もちろん、『曽我物語』でも、祐経が「父の助継《すけつぐ》が世まで分たれけるも事なきに、何ぞ助経（祐経）が世に及んで半分の主となるべき様はなきものを。しかじ、伊藤次郎助親《すけちか》、子息の河津《かわづ》三郎助通《すけみち》を誅しつつ、伊藤・河津両所を我任《まま》に進退せむ」と考えたとするように、当事者としては自己の権利の削減とも解釈され、不満を残しかねない措置であることも確かだろう。それでもこうした事例からは、管轄下にある者どうしの相論において、上位者が「半分」ずつの知行を命ずるという解決方法が、それなりに穏当であったことが窺える。

頼家はまた、「兄弟相論」について是非に従い和平を命ずることを定め、紛争を穏便に解決させようとする姿勢を見せている（建仁二年五月二日条）。その点も視野に入れると、新熊野社の件の本質も、堺相論の際に絵図に線を引いて済ませる方針を定めることではなく、むしろそうした争いについては和平・中分による解決を命ずること、さらには、それ以前に頼朝時代に定まった関係を重んじ、それを否定するような訴えを起こさせない、という点に集約されるように思われる。

幕府の裁判において、〈理非を究めること〉と〈理非によらない和与の儀〉という、一見矛盾するように見える対応のあり方は、何ら齟齬することなく共存していたといわれている（藤原一九九七）。とすれば、頼家の訴訟対応には、幕府の裁判のそうした側面がよく表れているといえるだろう。

頼家政権の方向性

頼家が力を入れた政策

一般に、頼家は頼朝の先例を覆したイメージが強いが、訴訟裁定における頼家の姿勢は、むしろ頼朝時代の決定を重視するものであった。そうすると、頼家政権の全体的な方向性も見直しが必要になろう。そこで、次に頼家が力を入れた政策を通して検証してみよう。

頼家が頼朝から継承し、頼家から長子一幡への継承が予定されたのは、諸国の守護の統括者としての立場（惣守護職）であった。そうした立場を反映してか、頼家期の立法や政策の中には、諸国の守護の職務に関するものが目立つ点が、まず注目される。

頼朝期の守護の職務

鎌倉幕府の守護の職務といえば、御成敗式目《ごせいばいしきもく》の第三条に規定されたいわゆる「大犯《たいぼん》三ヶ条」がよく知られる。そこでは、「右大将家の御時定め置かるる所は、大番催促《おおばんさいそく》・謀叛・殺害人……等の事なり」として、近年横行する「国司にあらずして国務を妨げ、地頭にあらずして地利を貪《むさぼ》る」ような「無道」を問題視し、「右大将家御時の例に任せて、大番役ならびに謀叛・殺害の外、守護の沙汰を停止せしむべし」と規定したように、「大犯三ヶ条」に限定された守護の基本的職権が、右大将家＝頼朝時代の当初から固定されていたかのように説明されている。だが実際には、そう単純ではなかったようである。

そもそも守護の職権にはいくつかのルーツがあり、内乱から平時への流れの中で確立、定着していったものであった。大番催促は、平氏追討以来の「惣追捕使《そうついぶし》」などによる国単位での軍事動員の機能が基礎となり、平時の体制への移行に伴い、国内御家人の京都大番役動員権に転化したものと考えられる。一方、謀叛人・殺害人の検断は、例えば東国では、国衙《こくが》に属した一国単位の検断の職が、頼朝によって代々勤めていた者に安堵されたり、国衙行政の統括者に付与されたりしたものであったという（承元三年十二月十五日条）。

特に守護が扱うべき検断業務の範囲は、当初はやや弾力的であったようで、頼朝時代には、「大犯三ヶ条」以外の任務が含まれるケースも存在した。例えば頼朝晩年の建久八年

（一一九七）、大隅・薩摩両国の「家人奉行人」島津忠久《しまづただひさ》に命ぜられた任務は、

一、内裏大番を催し勤めしむべき事、

右、彼の国の家人等を催し、勤仕《ごんし》せしむべし。

一、売買人を停止せしむべき事、

右、件の条、禁遏《きんあつ》せしむべきの由、宣下稠畳《ちょうじょう》、しかるに辺境の輩、違犯の由、其の聞こえ有り。早く停止すべし。若し違背の輩有らば、重科に処すべし。

一、殺害已下《いげ》の狼藉を停止せしむべき事、

右、殺害狼藉の禁制《きんぜい》、殊に甚だし。宜しく国中を守護し、停止せしむべし。

というものであった（島津家文書、鎌九五〇）。このうち、第一条の大番催促と第三条の殺害以下の狼藉の取締り＝国中の「守護」は、後の「大犯三ヶ条」と重なるものであり、これらの任務が頼朝時代からの柱であったことは疑いない。その意味では、「大犯三ヶ条」が、「右大将家の御時定め置かるる」職務であったといえるだろう。

だがここでは、「殺害已下」の範囲が明確でなく、また第二条の売買人の取締りのような「大犯三ヶ条」に含まれない任務も見えている。この場合は朝廷の宣旨に基づくものだが、頼朝時代には、こうした任務も広く管掌の範囲内に入ってくることがあった。

実際、その後、寛元《かんげん》三年（一二四五）に定められた追加法では、西国守護人の職務につ

いて、九州は遠国ゆえの狼藉への対応のため、「大将家御時の例」に基づいて執り行うこととしたが、それは「必ずしも式目に依るべからず」というものであった（同年二月十六日条・新編追加）。すなわち、頼朝時代、現実には状況に応じて「大犯三ヶ条」の枠にとどまらぬ任務が含まれたことは、式目制定後も「例」として認識されていた。

守護の職権確定へ

このように、頼朝期の守護の職務は、「大犯三ヶ条」にあたる任務を柱としつつも、必ずしもそれが固定していたわけではなかった。それでも、頼朝晩年には守護の国衙領への介入が問題化し、国衙や荘園領主との摩擦を避けようとする意識が見えており、そのために守護が関与する事項を「大犯三ヶ条」に制限する方向性は、すでに定まってきていたと考えられる（義江二〇〇九・西田二〇一二）。そうした中で、頼朝の没後これを継承した頼家政権の取り組みは注目される。

正治元年（一一九九）末、梶原景時の鎌倉追放に伴い、小山朝政《おやまともまさ》が景時に替わって播磨国守護職に補任された際、次のように命ぜられたという（同年十二月二十九日条）。

住国の家人等、朝政に相従い、内裏大番を勤仕し、忠節を致すべし。朝政沙汰すべき事は、謀反・殺害人の事計《ばか》りなり。国務に相交わり、人民の訴訟を成敗すべからず。凡《およ》そ事に触れて国中の住人を煩わすべからざるの旨、仰せ含めらると云々。

ここでは朝政の職権を、国内御家人の大番催促、謀叛人・殺害人の検断に限り、国衙業務への介入や訴訟の成敗は認めないことが仰せ含められた。すなわち、いわゆる「大犯三ヶ条」に限定された守護の職務が、初めて明文化して見える事例として注目される。

さらに建仁二年（一二〇二）には、「諸国守護人等奉行」の件につき、「兼日定め置かる」職務以外の「雑務」への関与が訴えられるケースのあることを問題視してこれを禁じ、違反者の改替を命じている（同年閏十月十五日条）。ここに見える「兼日定め置かるる」職務が、先に朝政が仰せ含められた内容に相当することは疑いない。

実際にその間の正治二年、淡路・阿波・土佐の守護を兼ねた佐々木経高が、任国の淡路での国衙業務への介入により後鳥羽上皇の逆鱗に触れたため、解任されている（同年八月二日条）。また、重源《ちょうげん》の申請に応じて東大寺領の播磨国大部荘・魚住泊への守護使の介入を停止するなど（雑古文書、鎌一二五八）、頼家政権は守護の職務の制限・確定を進めつつ、朝廷・国衙や本所領家との摩擦の防止にも意を払ったことが窺える。

もっとも、現実にはその確定・定着まで、かなりの時間を要したことも知られている。特に西国の守護は、朝廷や公家との結びつきも強く、例えば大内惟義《これよし》の場合、後鳥羽上皇とのつながりを背景に、人勾引《ひとかどい》の取締りなどにも広く関与を続けていた。こうした守護の存在を否定する上で重要な契機となったのが、承久の乱であった（上杉一九九六）。

乱の翌年に定められた規定では、京都大番・謀叛人追討・刃傷《にんじょう》殺害人禁断の三ヶ条に限定した職権が改めて明示され、盗犯放火や人勾引といった国衙検非違所《けびいどころ》の所管事項への介入が禁じられている（新編追加、鎌二九五三）。ただし注意されるのは、そこではその限定された三ヶ条を「右大将家の御時」以来のものとはしていないことで、これらを「右大将家の御時」の規定としてことさら強調するようになるのは、政子や義時の没後、泰時を中心とした頼経の政権になってからである（丹波篠山市教育委員会蔵「貞永式目追加」）。すなわち、「右大将家の御時定め置かるる」というのは、職権の整理が進んでいく過程で、後から加わってきたフレーズであった。

　とすると、御成敗式目で規定する守護の職務は、「右大将家の御時」に構想された可能性はあるものの、現実には頼朝時代に完成していたのではなく、頼朝以降、式目制定に至るまでの取り組みの到達点といえるだろう。すなわち、守護の職務の制限・整理というテーマは、頼朝の急死により取り組みの途上で頼家に継承されたが、そこで後に「大犯三ヶ条」として固定される職務が明文化され、国衙の所管事項との線引きがはかられると、以後この形を基本線として、定着に向けての試行錯誤が繰り返されることになる。

　そうした点から見ると、頼家期における取り組みは、守護の職権を確定し、持続的な仕組みとして軌道に乗せていくための先鞭をつけたものとして評価できる。その取り組みは同時に、頼家期における基本路線でもあった朝廷・国衙や荘園領主との間の協調関係の維

理・確定の過程

内　容	出典
薩摩・大隅家人奉行人の島津忠久の職務→大番催促，売買人の取締り，殺害人以下の取締り	島津家文書
播磨国守護職小山朝政の職務→大番催促，謀叛・殺害人の取締りに限定，国務への関与を禁止　※後の「大犯三ヶ条」の初出	吾妻鏡
「諸国守護人等奉行」につき，以前定めた職務を超えた事項への関与を禁止＝職務の規定の再確認	吾妻鏡
「国々守護人」の職務→京都大番の事，謀叛人追討の事，刃傷殺害人禁断の事として，国衙検非違所の管掌事項と線引き	新編追加
「諸国守護人沙汰」を大番催促・謀叛・殺害人糺断の「三ヶ条」に限定，それ以外への関与を認めない→「三ヶ条」を「故右大将家御時」からの規定とする初例	貞永式目追加
「諸国守護人奉行」につき，大番催促・謀叛・殺害人の「三ヶ条」以外への関与への禁止を，「故右大将家御時」の規定として改めて確認	新編追加
「諸国守護人奉行事」→頼朝時代の規定＝大番催促・謀叛人・殺害人の検断に，夜討・強盗・山賊・海賊の取締りを加え規定	御成敗式目

月を示す.

表5　守護の職権の整

年月日
建久8年(1197)12月3日
正治元年(1199)12月29日
建仁2年(1202)⑩月15日
貞応元年(1222)4月26日
嘉禄3年(1227)③月17日
寛喜3年(1231)5月13日
貞永元年(1232)8月10日

(注)　年月日欄の丸数字は閏

持、摩擦の防止にも重要な役割を果たしたといえるだろう。

京都大番役の定着へ

右で見た守護の職務の制限・整理が意識された建久年間には、平時の体制作りとして、御家人制の再編、京都大番役の御家人役化が進められていた。平時の体制整備を進める頼朝にとって、戦時に主従関係を結んだ御家人たちとの関係をどのように維持していくかという点は重要な課題であった。そうした課題への対応として、先述のように、奥州合戦を通して平時への移行を視野に入れた主従関係の整理・強化が進められ、次いで「大将軍」＝征夷大将軍への就任を機に下文の切り替えを本格的に進め、政所を通した機構的な関係への移行が図られたのだった。

このように平時の到来に向き合いながら、御家人集団の再編が進んだところで、大きな問題となるのが、そもそも戦時においてこそ存在意義を有した御家人集団が、平時にも存続していくことの正当性をいかに確保するかという点である。そこで重要な意味を持つのが、建久年間、御家人たちの勤めとして京都大番役が設定されたことである。

京都大番役の原型は、院政期に諸国の武士たちが交替で上洛して御所の警備にあたったもので、保元・平治の乱後には平氏によって大番役が組織されたという。平氏滅亡後は、頼朝政権がこれを引き継いだが、当初は御家人のみではなく、国衙や荘園に属する者も含めて広く国内の武士を動員していたらしい（文治三年九月十三日条）（高橋典幸二〇〇八）。

それが平時への移行に伴って、御家人集団の再編成と連動しつつ、御家人固有の任務としての京都大番役に組み替えられていくことになる。同時に、平氏追討や義経《よしつね》らの捜索にあたり、国内の武士たちを軍事動員していた各国の惣追捕使の機能も、守護の大番催促権に転化する形で維持されることとなったのである。

こうして、平時にあっても鎌倉殿と主従関係を結ぶ御家人であることを選択した者は、守護の動員のもと、京都大番役を勤めることが義務づけられた。京都大番役を通して朝廷を守護することが、平時において御家人集団が存続する正当性を担保するものであり、それはとりもなおさず、朝廷の機構の中に幕府権力を位置づけて定着させようとする、建久年間における頼朝の政治の重要テーマに即した取り組みであった（川合二〇一一）。

その点に注意すると、頼家政権が守護の職務の整備とならんで積極的な姿勢で臨んだのが、京都大番役の勤仕をめぐる問題であったことは興味深い。

頼家期には有力御家人クラスが大番のため在京していた所見も散見する一方、例えば、正治元年九月には京都大番役を怠っているとの情報があるとして、諸国守護人に催促を行うよう命じ（同年九月十七日条）、また翌年にも諸御家人に京都大番役を勤めるよう命じている（正治二年正月十五日条）。

こうしてみると、頼朝によって導入された京都大番役は、頼家の継承時点では、その定着に向けてはまだ課題の残る状況にあった印象を受ける。とすると、これらの頼家期の取り組みは、これをより推進して定着させる方向を目指したものだったのではなかろうか。

「人の愁、世の謗」

ところで、右のような取り組みを推進して軌道に乗せるには、賦課対象を把握するとともに、その負担に堪える経済基盤の確保も重要な課題となる。

頼家期には、その点との関連が考えられる政策もいくつか見られる。まず正治元年、東国の地頭に荒野の開発を命じ、荒・不作と称して不正に年貢を低く算出するのを認めない方針が立てられた（同年四月二十七日条）。

また、同年十一月には武蔵国の田文《たぶみ》を整えさせたが、これは頼朝時代に国検《こっけん》（国衙による一国規模の検注）が行われたものの、台帳作成に至らなかったことによるものだった

（同年十一月三十日条）。大田文《おおたぶみ》の作成は、国ごとに御家人の確定・把握を進め（七海二〇〇二）、御家人役を賦課する目的も含まれたと考えられるが（清水二〇〇七）、その作成事情を考えると、これも頼朝が生前進めていた事業が、頼家政権に継承されたものといえる。

こうした事業をめぐっては問題もあったことも知られている。例えば正治二年、政所に諸国の田文を提出させ、頼朝挙兵以後の新恩の所領で五百町を超えた分を返納させ、所領を持たない者に与えようとした件である（同年十二月二十八日条）。「人の愁《うれい》、世の謗《そしり》」を招く「珍事」と酷評されたこのプランは、宿老の反対で結局見送られ、宿老との対立を裏づける、頼家による有力御家人抑圧政策と理解されてきた（佐藤進一一九八三ほか）。

ただその一方で、中小御家人の経済基盤の確保という側面も持っており（上杉二〇〇五）、負担を課すにあたって必要な措置と解される点も注意される。最近では、徳治主義的な政策の一例と見る評価も出てきている（高橋一樹二〇一三）。

そうした点も合わせて考えると、その手法に問題がなかったとはいえないものの、賦課対象の把握と経済基盤の確保につながるという点で共通項を持つこれらの政策は、頼朝晩年に進められた御家人の編成と、大番役などの御家人役の導入を念頭に、それらの制度的定着を意識したものであった、と解釈することも可能であろう。

頼家期の意義

以上のような取り組みから見ると、頼家政権の政治的方向性は、従来の評価とはかなり異なってくる。ここに見た頼家政権の基本路線は、頼朝晩年の政策を引き継ぎ、幕府の基盤を整え、強化しようとするものといえる。そして、頼家が力を注いだ政策には、頼朝末期の路線を継承した上で、それを確定して制度的に定着させる道筋を作ったものが少なからず含まれるという点で、一定の評価を与えることができよう。

もちろん、これらは頼家個人のみの手になるものではなく、頼家を支えた広元ら宿老たちや、政所以下の諸機関の寄与した部分も大きかったが、いずれにせよ、幕府の体制が固まっていく過程において、頼家期は短期間ながらも思いのほか重要な意味を持っていたのである。

騒動と世代交代

頼家と景盛

トラブルの多い時代

源頼家《みなもとのよりいえ》の時代は、五年に満たない短期間ながら、有力御家人の対立抗争や、それに伴う混乱が相次いだことが強調される。だが、そうした騒動については、頼家個人の資質の問題として片づけられたり、例えば頼家の排除と実朝《さねとも》の擁立を狙う北条時政《ほうじょうときまさ》や政子《まさこ》、対抗馬の排斥を目論む比企能員《ひきよしかず》など、史料からは直接読み取れない黒幕探しに関心が向きがちで、事件そのものの分析は必ずしも十分になされてきたとはいい難い。

騒動の発生自体は事実であるから、黒幕の存在などを云々《うんぬん》する前に、まずその出来事の中身を丹念に分析し、時期的な事情などの背景にも注意しながら、幕府の歴史の中でどのように位置づけられるのかを考えていく必要があるだろう。

横恋慕からの騒動

正治《しょうじ》元年（一一九九）六月二十日、頼家の妹三幡《さんまん》が十四歳で死去し、その七日の仏事を終えた直後の七月十日、三河国から飛脚が到着した。室平重広《むろだいらしげひろ》なる者が、盗賊を率いて国内の宿駅で無法を働き、人々の往反に支障が生じているという。三河は安達盛長《あだちもりなが》の「奉行国」であったため、盛長の子景盛《かげもり》が使節に指名されたが、京都から呼び寄せていた女性と離れ難かったからか、これを固辞していたものの、幕府の命を受けてようやく現地に向かった（同月十六日条）。

ところが、この女性に横恋慕していた頼家が、景盛の不在の間に近習《きんじゅう》の中野能成《なかのよしなり》を使って連れ出し、小笠原長経《おがさわらながつね》の家に囲うと（同月二十日条）、北向御所《きたむきごしょ》に移して仕えさせることにしたという（同月二十六日条）。この両日条には天候記載があるが、二十六日条の文面は二十日条の内容を直接受けなければ文意が通らないため、情報源は同日の日記ではなく、本来セットで伝わっていた同一典拠になる話が、両日に振り分けて挿入されたと見られる。

一月ほどして、重広を捕えられずに鎌倉に戻った景盛は、この事態を知ることになる。本人の実際の態度は不明だが、景盛が頼家に恨みを抱いているとの讒言《ざんげん》を受けると、頼家は景盛の誅伐《ちゅうばつ》を命じ、甘縄《あまなわ》の盛長宅へ向かおうとしたという（八月十八日・十九日条）。

立ちはだかる政子

ここで動いたのは政子である。急遽盛長宅に赴くと、二階堂行光《にかいどうゆきみつ》を頼家のもとに送り、頼朝に加えて三幡も死去した中、合戦などを好むのは乱世のもとである。罪状を聞かせてくれれば私が景盛を尋問しよう。事情も問わずに誅戮《ちゅうりく》したら、必ずや後悔することになる。それでも追討するのならば、まず自分がその矢にあたろうではないかと伝えさせ、強く押しとどめた。そのため、頼家はしぶしぶ矛を収めたという（八月十九日条）。

政子は翌日まで盛長の家にとどまり、景盛に野心を持たない旨の起請文《きしょうもん》を提出するよう勧め、景盛もこれに従った。自邸に戻った政子は、佐々木盛綱《ささきもりつな》に景盛の起請文を頼家に届けさせるとともに、「諷諫《ふうかん》の御詞」を尽くしたという（同二十日条）。

昨日景盛を誅されんと擬するは、楚忽《そこつ》の至り、不義の甚しき也、凡そ当時の形勢を見奉るに、敢《あ》えて海内《かいだい》の守りに用い難し。政道に倦《う》みて民の愁を知らず、倡楼《しょうろう》を娯《たのし》みて人の謗《そし》りを顧みざるの故なり。又召し仕う所は更に賢哲《けんてつ》の輩にあらず、多く邪佞《じゃねい》の属たり。何をか況《いわ》んや、源氏等は幕下の一族、北条は我が親戚なり。仍て先人頻《しき》りに芳情を施され、常に座右に招き給う。而《しか》るに今彼の輩等に優賞なく、剰《あまつさ》え皆実名を喚《よ》ばしめ給うの間、各以て恨を貽《のこ》すの由、其の聞え有り。所詮事に於いて用意せしめ給わば、末代と雖も濫吹《らんすい》の儀有るべからざるの旨、諷諫の御詞を尽くさると云々。

景盛を討とうなどとは、楚忽の極みで不義もはなはだしい。政治をおろそかにして民の苦しみに目を向けず、女性にかまけて人々の非難を顧みないゆえ、とても天下の守護を司らせることなどできない。仕えさせているのもけしからぬ者ばかり。頼朝《よりとも》が重んじた源氏一門や親族の北条氏を大事にせず、実名で呼びつけるので皆が恨みに思っているというぞ、などとことこん手厳しい。「諷諫の御詞」といえるようなくだりは、諸事に心配りをしていれば、末代に至っても秩序は乱れることもない、という末尾の部分ぐらいだが、そこまでの叱責の内容は、この「諷諫」を導き出すにはやや的を射ていない感もある。

そもそも、この会話文中の叱責の部分については、不読助字や対句的な表現などを用いてかなりの文飾が施されており、政子の生の発言をそのまま記録したものとは見なし難い（高橋秀樹二〇一五b）。また先述のように、頼家の近習たちは頼朝の人選による部分も大きかったと見られるし、北条氏の処遇も頼朝時代よりもむしろ重くなっているから、実際の状況ともかなりズレがある。とすると、この叱責の部分は、政子の「諷諫の御詞」にかけて挿入された創作的な作文の可能性が濃厚であり、割引が必要であろう。

景盛との関係

問題の景盛は、頼家期までは目立った動きがなく、この騒動の場面だけが突出している。さらに、頼家は修禅寺《しゆぜんじ》に移された後も景盛に制裁を加えようとしたといい（建仁三年十一月六日条）、数少ない登場場面で、かなり効果的に確執が印象づけられる感がある。

けれども、景盛は騒動後も頼家の鶴岡参宮に供奉《ぐぶ》するなど（正治二年二月二十六日条）、必ずしも排除されてはいない。また、景盛は建永《けんえい》二年（一二〇七）に右衛門尉《うえもんのじょう》となったとされるが（宝治二年五月十八日条）、すでに実朝の継承時点で右衛門尉と見えており、実際の任官は頼家期であった可能性がある。その場合、頼家の推挙を経たはずだから、この騒動で特記された話は、実際の両者の関係のすべてを表現したわけではなさそうである。『吾妻鏡《あずまかがみ》』上で景盛の言動が特筆される場合、例えば宝治合戦での武力行使をあおる描写など（宝治元年六月五日条）、悪役的な逸話が目につく。今回の騒動も、事実であれば頼家の行動に問題はあるのだが、景盛は景盛で、妾との関係を優先して任務のために鎌倉を離れるのを渋るなどという行動は、とても褒められたものではない。ここも、景盛の悪役的イメージに結びついた言説が加わった可能性もないとはいえないだろう。

この騒動に関する一連の記事はすべて天候記載を伴っており、政子の安達亭への渡御《とぎょ》・還御《かんぎょ》といった動静については、日記類に基づく可能性は高い。すなわち、讒言に端を発して頼家と景盛との間にトラブルが生じたが、政子が間に入って、景盛が起請文を提出する形で和解・収拾したという基本的な展開自体は事実としてもよいだろう。そこにさまざまな言説が加わり、その記述は実態以上に大騒動の体をなすに至ったのかもしれない。

ところで、このトラブルの発端となった讒言の主は梶原景時《かじわらかげとき》だったらしい（十月二十七日条）。こうした景時の言動は、さらに大きな問題を呼び起こすことになる。

梶原景時の排斥

景時追放の経緯

同年十月二十五日、結城朝光《ゆうきともみつ》が傍輩の御家人たちに勧めて、御所の侍《さむらい》で頼朝のために一万遍の弥陀名号を唱えた。その際、頼朝の烏帽子子《えぼしご》だった朝光は懐旧のあまり「忠臣は二君に事《つか》えず」の語を引き、出家遁世しなかったことに後悔の念を抱いている胸の内を明かし、「薄氷を踏むが如き」世上を憂いたという。

ところが二日後の二十七日、朝光は女房阿波局《あわのつぼね》（政子の妹）から、その発言について景時が「当時を謗り申す」と頼家に讒訴《ざんそ》したため、自身が処罰のピンチに瀕していることを知らされる。あわてた朝光は盟友の三浦義村《みうらよしむら》に相談し、まずは宿老《しゅくろう》たちと対応を協議することにした。ことの詳細を聞いた和田義盛《わだよしもり》・安達盛長は、景時弾劾《だんがい》の連署状《れんしょじょう》を頼家に提出する方針を立てると、翌二十八日、鶴岡八幡宮《つるがおかはちまんぐう》の廻廊に御家人たちが集結し、神前で同心を誓約して連署状を作成、義盛・義村が大江広元《おおえのひろもと》に提出した。広元はしばらくこれを手元に留めていたが、義盛に強く求められたことから頼家に披露するに至る（十一月十日・十二日条）。連署状を見た頼家はすぐに景時に弁明を命じたが、景時は弁明できず、一族を率いて相模一宮に下向してしまった。景時は十二月になって鎌倉に帰参したが、最終的に鎌倉追放となり、再び一宮に下向した。

ここまでの一連の記事は、その日条の多くに天候記載が見えるものの、会話文が極端に多い記事の構成は、すべてが当日の日記に記録されたものとは考えにくい。すなわち、天候の情報を持つ日記類のほか、複数のソースから情報が持ち込まれて組み立てられたと見なされる。したがって、記事の文脈ごとに、事実として認められるところ、別の典拠に拠っていたり、文飾のある箇所などを選り分けながら、事の顚末を追っていく必要がある。

「忠臣は二君に事えず」をめぐって

まず、二十五日、二十七日条に見える、騒動の発端となる朝光の述懐、阿波局の情報提供、朝光の義村への相談という三つの会話文は、朝光の「忠臣は二君に事えず」発言に絡む一連の流れとなっており、一つのまとまりとすることができる。この両日条には天候記載があり、一部は日記類に拠ったと見られるが、具体的な会話文の一部始終までもが両日の日記に記録されたものとは見なし難い。というのも、朝光が義村に相談した際、後朱雀院《ごすざく》、御悩危急の間、御位を東宮〈後冷泉院《ごれいぜい》〉に譲り奉りたまい、後三条院《ごさんじょう》を以て立坊し奉らる。時に宇治殿を召し、両所の御事を仰せ置かる。今上《きんじょう》の御事に於いては承るの由、申し給い、東宮の御事に至りては、御返事を申されずと云々。

と、自身の発言について、後三条天皇が立太子した際の藤原頼通《よりみち》の故事を引いて説明しているが、実はこれとほぼ同文の説話が『十訓抄《じっきんしょう》』に見られるのである。

後朱雀天皇、御悩大事にならせおはしまして、位を東宮に譲り奉り、後三条院を東宮に立て奉り給ふに、宇治殿を召して、二所の御事を仰せおかせ給ひけるに、帝の御事をば畏《かしこ》まり申させ給ひて、東宮の御事を仰せられける時は御返事申させ給はず、不受の色におはしけり。（『十訓抄』六ノ十二）

また、同書にはこの説話を導く話として、後一条天皇に先立たれた寵臣源顕基《あきもと》が、「忠臣は二君に仕えず」と言って出家した話も載せており（同六ノ十一）、出家しなかったことを悔いる朝光の問題の発言は、まさにそれとの対照となっていることが見て取れる。

この組合せになる説話は先行する『古事談《こじだん》』などにも見られ（河内二〇〇七）、著名な話だったようだから、朝光がその知識を持っていた可能性もないとはいえない。だが、『吾妻鏡』中には『十訓抄』所載の説話とほぼ同文の故事を引いた会話文が他にも存在することを考えると（元久元年九月十五日条など）、やはり朝光の現実の発言ではなく、『十訓抄』かその源となった説話をもとに構成されたと見るのが妥当だろう（藤本二〇二二）。

　そして、その間に入っている阿波局の会話もまたクセモノである。「忠臣は二君に事えず」自体、もとは『史記』に由来する著名な句だが、ここにも「虎口《ここう》の難を遁《のが》れ難きか」のような漢籍を踏まえた表現が用いられており、義村を朝光の「断金《だんきん》の朋友《ほうゆう》」とする直後の表現と合わせて、漢籍を利用した文飾の形跡が認められる（高橋秀樹二〇二二）。これも実際の会話を記録したものとは認められない。

　また、阿波局は頼家が朝光を「誅戮」しようとしていると告げたというが、その前後、頼家が朝光個人を処罰しようとした様子は確認できない。朝光は翌年正月に椀飯《おうばん》の沙汰人《さたにん》を勤めているのをはじめ（正治二年正月八日条）、その後も頼家周辺で活動しており、この一件が朝光個人の立場に重大な影響を及ぼしてはいないようである。

　二十五日条に天候記載があることを踏まえると、頼朝供養のための唱名《しょうみょう》を主宰したという朝光の行動については、同日の事実を記した日記類に基づく内容と認めてよいと思われる。また後述するように、この集まりが景時の讒言につながった可能性も高いだろう。だが、ここまでの一連の会話文については、実際の出来事にかけて、漢籍の知識や著名な説話などを下敷きに構成された創作になる公算が高い。

六十六人の連署状

二十七日条は続けて、朝光の相談を受けた義村のセリフとなる。ところが、これ以降の会話文は、ここまでの主題である「忠臣は二君に事えず」発言には全く触れず、「ことすでに重事に及ぶなり」と一気に大きな問題意識に転じており、これまでの会話文とかなり趣が異なる。二者が対面して交わした会話としてはやや飛躍があり、前後の会話でその情報源が異なる印象を受ける。その発言内容も、

凡そ文治以降、景時の讒に依り、殞命失滅《いんめいしつめつ》する輩勝計《しょうけい》すべからず。或いは今に見存し、或いは累葉に愁憤を含むはこれ多し。即ち景盛去る比《ころ》誅されんと欲するは、しかしながら彼の讒より起こる。其の積悪定めて羽林《うりん》に帰し奉るべし。世の為君の為、対治せず有るべからず。

と、訴状などの文書に見られがちな文体であり、生の会話文としては違和感がある。あるいは、この後作成された連署状の文言を利用して、会話を構成した可能性も考えられるだろう。ただしその場合、実際の発言ではないとしても、一揆した御家人たちの総意を反映した主張として、重要な意味を持つことになる。

次いで宿老の義盛・盛長がやってきて、義村から詳細を聞かされると、二人は早急に同心の連署状を作成して頼家の裁定を求めるという方針を立てた。その後、義村が盃酌を勧め、各自が退散したのは夜であった。終了の時間帯が記されていることからみて、会話の

内容はともかく、義村らが宿老を交えて対応策を話し合い、その後、酒席があったことについては、この日の天候記載に対応する事実として、信頼してよさそうである。

そして翌二十八日の巳刻《みのこく》、鶴岡八幡宮の廻廊に御家人たちが集結し、神前で景時弾劾のための一揆を結ぶと、景時に恨みを持つ中原仲業《なかなり》が起草した訴状に六十六人の御家人が署判し、義盛・義村が広元のもとに持参して頼家への披露を求めた。これらの動きについても、当日の天候・時刻を伴うことから、日記類に基づく事実と見なされる。なお、頼家将軍記の原史料の候補には、三善康信や二階堂行光といった吏僚《りりょう》の日記が挙げられているが(五味二〇〇〇)、ここに集まったメンバーには、行光も含まれていた。

同時に、ここで注意されるのは、提出者の義盛は十三人のメンバーであるものの、まず広元に提出して頼家への披露を求めている点である。すなわち、十三人のメンバーでも、公式には鎌倉殿に直接訴えを提起するのではなく、別のメンバーに付して取り次いでもらう必要があったことになる。後に義盛が上総国司への推挙を実朝に申請した際にも同じ形が取られているから(承元三年五月二十三日条)、この方式は実朝期にも継承されている。

景時の処遇をめぐる動き

広元が連署状を受け取った後、十日ほどはこの件に関する動きは見られないが、十一月十日になって事態が急転する。この日、御所で広元と対面した義盛が、広元を叱り飛ばさんばかりに頼家への披露を強く求めたため、広元もやむなく応じ、十二日に連署状は頼家の手に渡った。頼家は景時に弁明を命じたが、反論できなかった景時は翌十三日、子息・親類らを連れて相模国一宮に下向する。一人鎌倉に残った子の景茂《かげもち》によれば、連署状に慎み、御家人たちとの武力衝突を恐れての行動だという（同月十八日条）。

この一連の記事も天候記載を伴い、基本的な動静については事実を反映したものと見てよいが、この動きには、広元ら幕府の中枢にある面々と、義盛らの宿老を筆頭とした一般御家人層とで、景時の処遇をめぐる意識に相違があったことが示されている。

連署状を受け取った広元は、景時の讒言に問題があることは重々認識しながらも、景時を失うことは大きな痛手になると考え、披露せずに手元に留めていた。景時を幕府に残すには御家人たちとの和平が必要であり、その方策を検討していたのである（十一月十日条）。

その広元自身は連署状には参加しておらず、中立の立場で対応しているが、十三人のメンバーの中でも、広元とともに家政機関の中枢にあった三善康信《みよしのやすのぶ》・二階堂行政や、在京での執務が多い藤原親能《ちかよし》、外戚として頼家を支える立場にあった北条時政・義時《よしとき》父子は、これに加わっていない。彼らは基本的に現状の頼家政権の体制を維持していく方向性のもと、景時の排除には慎重であったと考えられる（高橋秀樹二〇二二）。

他方、連署者六十六人の総意は、頼家のためにも景時の弾劾は必須というものであった。

名前の出ているところでその構成を見ると、長老格の千葉《ちば》常胤《つねたね》を筆頭に、十三人のメンバーの三浦義澄《よしずみ》・足立《あだち》遠元《とおもと》・和田義盛・比企能員・安達盛長、および小山《おやま》朝政《ともまさ》・岡崎義実《よしざね》らの宿老クラスが名を連ねている。次いでその階層の後継世代である三浦義村・結城朝光・和田常盛《つねもり》・八田《はった》知重《ともしげ》・安達景盛と、畠山《はたけやま》重忠《しげただ》・葛西《かさい》清重《きよしげ》らそれと同世代の有力御家人、さらに中小御家人と侍層の広い範囲に及び、また行光や仲業らの文士も含まれている。

そのまとまりの要になっていたのは、三浦一族の義盛・義村であった。頼家期の三浦氏は北条氏との連携が強調されがちだが、ここでの立場の相違は、この時点で両者の政治意識に開きがあったことを示す（高橋秀樹二〇二二）。両者が実際に連携していくのは、建仁《けんにん》二年（一二〇二）、頼朝の命により約されていた姻戚関係の成立以降となるだろう。

その後、十二月になって景時は一宮から鎌倉に帰参した（十二月九日条）。しかし、その間幕府では連署状の件につき審議が重ねられており、最終的に景時は鎌倉中から追われることが決定し、再び一宮に下向した（十二月十八日条）。結果、景時は幕府の御家人組織から排除されるに至ったのである。

京都に伝わった情報との照合

景時追放の報は間もなく京都にも届いた。藤原兼実も、院近臣《いんのきんしん》の藤原宗頼《むねより》・範光《のりみつ》から聞いた「関東兵乱」の概要を書き留めている（『玉《ぎょく》葉《よう》』正治二年正月二日条）が、その趣旨は次のようなものであった。

①景時が他の御家人たちから憎まれたことを恨み、彼らが千万（実朝）を擁立し、頼家を討とうとしているとの讒言をした。②頼家はまず御家人たちに事情聴取を行うと、③御家人たちは景時との対決を求めた。④対決したところ景時は反論できず、根拠のない讒言が露顕し、⑤景時一族は皆鎌倉を追放された。

院近臣が得てきたこの情報は、おそらく幕府から朝廷に報告された概要であり、大筋としての信憑性は認められるが、その中には『吾妻鏡』には見えない独自の情報も含まれており、非常に興味深い。すなわち、この情報と『吾妻鏡』の記述との対応関係を検証していくことで、この騒動の実相をいま少し掘り下げることができそうである。

①は、その理由や内容は異なるものの、景時が頼家に讒言したこと自体は、十月二十七日条の阿波局の発言と対応する。ただし先述の通り、この時の朝光や阿波局のセリフには、実際の発言とはいえない内容が含まれる。その点に注意しつつ、京都に入った情報とすり合わせてみよう。

景時の讒言の内容について、『吾妻鏡』では、朝光が「当時を謗り申」したゆえ、傍輩への見せしめのために処罰すべきとして、基本的には朝光個人を標的にするのみだが、『玉葉』では、御家人集団が頼家を排除する謀叛を画策したというものであり、虚実を問わず幕府の根幹に関わる重大な内容であったことになる。

仮に『吾妻鏡』の内容がすべて事実で、景時が朝光の発言について通報したのみであれば、それを訴えられても反論に窮するとも思えない。一方、連署状の文言からの引用も想定される義村の発言や、それを受けた宿老の発言には、景時の讒言について「世の為君の為、対治せず有るべからず」と問題視し、「彼の讒者一人を賞せらるべきか、諸御家人を召し仕わるべきか」について、頼家の判断を仰いで裁許を得ようというくだりが見えていた。すなわち、讒言は単に朝光ひとりの問題ではなく、やはり鎌倉殿《かまくらどの》頼家と御家人の存立に関わる趣旨であったことが窺える。

とすると、その讒言は朝光らの行動を契機としたもので、それについての言及も含まれたとは思われるが、要点としては、兼実が聞いた内容に近かったと考えられる。それゆえ、身に覚えのない謀叛計画をでっちあげられた御家人たちが、他ならぬ鶴岡の神前で一揆してまで景時を弾劾する挙に出るのである。

これらの点から考えて、騒動の発端は、兼ねて「一ノ郎等《ろうとう》」を自認し、「イタク我バカリト思ヒテ、次々ノ郎等ヲアナヅ」る言動（『愚管抄《ぐかんしょう》』）で孤立傾向にあった景時が、朝光らが頼朝供養のために集まったのをとらえ、それが頼家排除・実朝擁立を企てる謀議であるかのような讒言をした、といったところが実態になるのではなかろうか。

次に④は、頼家御前での対決というのは『吾妻鏡』に見えないが、訴えに対して景時が反論できなかったという結果は、十一月十二日・十三日条と合致する。後述するように、連署状を見た頼家が、景時に彼らの面前での弁明を命じたと考えると、いちおうは整合する。いずれにせよ、景時が弁明できず、讒言には根拠がないことが判明した点は動かない。

そして⑤は、景時一族が鎌倉から追われたとしていること、および兼実がこの情報に接したのが年明けの正月二日であったことから、幕府での審議により追放が正式に決まり、景時が一宮に下向した十二月十八日条に対応すると見られる。

そうすると、『吾妻鏡』に情報のない②・③の部分は、十月二十七日から十一月十一日の間の情報ということになるが、次にそれらが何を意味するかという点が問題となる。

②では、景時の讒言を受けて、頼家はすぐに御家人たちに事情聴取を行ったとする。一方、『吾妻鏡』では十月二十七日条で、阿波局が朝光に誅戮の危機を知らせたとするのみで、頼家自身の対応についての言及はない。だが結果、その日のうちに朝光・義村と宿老の談合により方針が定まり、翌日には連署状の提出に至っている。とすると、頼家が事情聴取にあたらせたとすれば、このタイミングをおいて他にない。あるいは、朝光が阿波局から誅戮の危機を知らされたというのは、実際にはこの事情聴取を指しており、そのやりとりが阿波局らの女房を通して進められたのかもしれない。

そして③では、頼家による聴取に対し、御家人たちは景時との対決を求めたとする。これは、『吾妻鏡』における連署状の提出に相当すると見ていいだろう。すなわち、御家人たちは、頼家の御前で景時と対決して讒言を糺《ただ》し、潔白を証明しようとしたと解される。広元が連署状の披露を保留したのも、頼家に披露して両者の対決となれば、景時の「損亡」は必至であることから、これを避けるべく和平の道を模索したことによるのだろう。

このように、『吾妻鏡』の会話文での文飾・作文が想定される部分などに、『玉葉』に見える概要をすり合わせて補完していくと、いちおう筋の通る展開が浮かび上がってくる。

「頼家ガフカク」

義村の言として、「凡そ文治以降、景時の讒に依り、殞命失滅する輩勝計すべからず」とされているように、景時は頼朝時代から、讒言を含むさまざまな言動によって、たびたび他の御家人たちを追い込んできたのは周知の通りである。

例えば、平氏追討では義経《よしつね》と対立し、頼朝への讒言でこれを失脚に向かわせたのは有名だが、源氏一門の安田義資《よしすけ》が艶書を投じたという不可解な罪状で梟首《きようしゆ》されたのも、景時の通報によるという（建久四年十一月二十八日）。また、連署状に名を連ねた畠山重忠も、景時の讒言により謀叛の嫌疑をかけられた過去を持つ（文治三年十一月十五日条）。逆にその讒言が露顕し、「讒訴の科《とが》」により、景時に鎌倉中の道路造成が課されたこともあった（文治三年三月十日条）。

このように頼朝時代から、景時の言動により痛い目を見た者も少なくなかった一般御家人層としては、今回の騒動を機に、景時を弾劾する方向で一致していた。すなわち、従来強調されている通り、頼朝在世中には抑えられていた御家人間の対立が、頼家の段階になって顕在化した部分も大きいといえるだろう。

一方、この御家人の総意ともいうべき訴えに対し、頼家は景時に弁明を命ずるという対応を取った。最終的に景時を失う結果となったこの対応は、後に「頼家ガフカクニ人思ヒタリケル」（『愚管抄』）と評されたこともあり、数少ない味方である景時の重要性を理解せず、いとも簡単に切り捨てた暗愚な対応として、厳しい評価が下される傾向にある。

もちろん、能力面での評価が高かった景時を失うことの損失は小さくないから、その点では「フカク」といえる。だが右のような考え方は、比企氏と梶原氏以外の御家人が、北条氏を筆頭に総じて反頼家の立場にあると決めてかかったものであり、再考を要する。

そもそも、受理した訴えについて弁明を命ずること自体は特段問題のない対応であり、この直前、伊勢神宮の訴えにより安達盛長を尋問し、盛長が請文《うけぶみ》を提出して弁明したのと手続きとしては通じている（十月二十四日条）。また、『玉葉』の記述に照らすと、聴取を受けた御家人たちの求めに応じたものであり、双方に主張の機会を与えるという意味では公平な対応とも取れる。頼家としては、景時を一方的に切り捨てたのではなく、御家人の総意を重く見て、眼前の事態に対し率直に動いたということだろう。

ただし、頼家が讒言をまともに受け取って対応したところから、騒動に発展する場面が少なくないことも確かである。頼朝の場合、讒言と見抜いた上で適当にやり過ごしていたとも伝えられるが（『保暦間記』）、そのあたりはやはり、内乱の中でそれぞれに利害を抱える東国武士たちを束ねてきた頼朝ならではの対応といえるだろう。平時に移行しつつある中で成長した頼家が、頼朝同様の調整力を即座に発揮することは難しく、こうした局面での対応において、若い頼家の未熟さは拭えないところがある。

世代交代の波

景時の追放に際し、和田義盛とともに奉行を勤めたのは三浦義村であった。これは頼家将軍記において、十三人のメンバーもしくは実務系の文士以外の者が、頼家の命令の伝達や重要案件の奉行として見える唯一の事例となる。そのため、十三人のメンバーでもない義村が、幕府の決定に首を突っ込んだものとして、「十三人の合議制が機能していない」との評価も見えている（岡田二〇一九）。

しかしながら、先述の通り「十三人の合議制」は、固定された十三名が全員で決定を下す体制ではない。この体制の実際のあり方を踏まえれば、広元を経由する形での連署状提出の手続きや、連署状について連日の審議を重ねた上で景時の追放が決定したという流れから、むしろこの体制がある程度機能している姿が見出されるべきである。

とすると、ここでの義村の関与も別の観点から読み解く必要がある。翌正治二年（一二〇〇）の正月二十三日、父義澄が七十四歳で死去していること、義村のこの動きは、むしろ三村が宿老とともに登場する場面が増えることに注意すると、頼家将軍記では以後、義浦氏の世代交代を意味すると考えられる。すなわち、老齢の義澄にかわり、後継者たる義村が幕府の中枢に参画し始めたことの表れではなかろうか。実朝期には、宿老クラスの評議に義村の姿が見えるようになるが、その下地は頼家期に固まりつつあったといえよう。

同様の世代交代は、安達氏でも進んでいたと見られる。義澄に続き、同年四月には盛長が六十六歳で死去しているが（『尊卑分脈』）、それに先立つ例の頼家とのトラブルにつながった景盛の三河下向は、同国の「奉行」であった父盛長の名代的な派遣と考えられる。景盛も実朝期には義村と同様、重要事項の評議に加わるようになる。

さらに同年六月には岡崎義実が八十九歳で（六月二十三日条）、翌建仁元年（一二〇一）三月には千葉常胤が八十四歳で死去した（三月二十四日条）。挙兵以来、軍事的・経済的に頼朝を支え、また誕生以来、頼家の成長を見守ってきた、頼朝より年長の宿老たちが次々とこの世を去ったのである。加えてこれより先、正治元年三月には源氏一門の中核たる足利義兼《よしかね》も死去しており（『尊卑分脈』）、頼家の時代は、頼朝を支えた第一世代から、頼朝にかわいがられた第二世代へと、有力者層の世代交代が一気に進んだ時代でもあった。

義村や景盛が、十三人のメンバーとしての父の機能をそのまま継承したかどうかはともかく、世代交代の結果、彼らの世代が幕府を支えることになるのは確かである。実際、署判者には後に「宿老」と呼ばれる者も複数含まれている（承久三年五月二十三日条ほか）。

こうして見ると、景時弾劾の連署状に署判した宿老クラスには、父子がそろって署判している者が多く、むしろ第二世代の意思表示が際立っている点は注目される。このことは、御家人の家が、それぞれ次世代へ移行しつつあることを示すと同時に、こうした世代交代の波が、この一連の騒動でもきわめて重要な背景をなしたことをも物語るだろう。

というのも、『吾妻鏡』に特記された限りではあるが、景時の弾劾をもたらした讒言の標的は、まさに景盛や朝光といった第二世代の主要人物であった。朝光が頼朝供養の唱名を勧めた「傍輩」も、彼の周辺世代に属すだろうから、景時の讒言は、他ならぬこの世代を中心とした謀叛計画という趣旨であった可能性もある。そして、先行世代の宿老たちと談合して景時弾劾への段取りをつけた義村も、以後その世代の中心となる人材である。

とすると、連署状の提出には、新たに台頭しつつあった第二世代を抑え込もうとするかのような景時の言動に対する、第二世代からの異議申し立てという側面も大きかったのではなかろうか。すなわち、景時の排除は、ここにきて存在感を示し始めた第二世代による景時への反発と、頼朝時代から潜在的に存在した第一世代の宿老間の対立とが結びつき、

表6　梶原景時弾劾連署状の主な署判者の構成

氏　族	第一世代(父) 13人＋宿老など	第二世代(子) 後継者	備　　考
千葉氏	千葉常胤(82)	千葉胤正(59？)	常胤は建仁元年(1201)没
三浦氏	三浦義澄(73)	三浦義村(32？)★	義澄は正治2年(1200)没
小山氏	小山朝政(兄45？)	結城朝光(弟32)★	
和田氏	和田義盛(53)	和田常盛(28)	
安達氏	安達盛長(65)	安達景盛(？)	盛長は正治2年(1200)没
岡崎氏	岡崎義実(88)	土屋義清(？)	義実は正治2年(1200)没
八田氏		八田知重(36？)	父知家は署判せず
二階堂		二階堂行光(36)	父行政は署判せず
その他 同世代	比企能員(？) 足立遠元(？) 山内経俊(63) 佐々木盛綱(49) 天野遠景(？)	畠山重忠(36) 葛西清重(38)★ 若狭忠季(？) 宇都宮頼綱(28)★ 稲毛重成(？)　他	計66人.『六代勝事記』では「比企の判官能員以下数百人」とする

(注)　カッコ内の数字は年齢．第二世代欄の★印は承久年間以降に「宿老」として名前が挙がっている人物．

世代を越えた御家人層の総意となって打ち出されたものと考えることができる。したがってこの騒動は、鎌倉殿の代替わりを頂点として急速に進む世代交代の波の中で、世代間に生じた軋轢《あつれき》も含め、幕府内に広がる不安定な状況を反映したものといえるだろう。

景時の滅亡と地方勢力

景時一族の最期

年が明けて正治二年（一二〇〇）になると、椀飯《おうばん》や吉書御覧《きっしょごらん》、弓始、心経会《しんぎょうえ》などの年始の儀礼・行事が特段問題なく行われた。例年と異なるのは、通常元日から三日に見える椀飯の記事が延々と続き、半月にも及んでいる点で、頼家の代始《だいはじめ》を祝ったものと考えられる。また、正月十三日には頼朝一周忌の仏事も無事に執り行われ、十八日には頼家が大庭野《おおばの》へ狩猟に出かけるなど、鎌倉ではこの間、取り立てて不穏な動きは確認できない。景時の一件により、幕府の機能に支障をきたすほどの事態にはならなかったようである。

ところが、二十日の辰刻《たつのこく》、原景房《かげふさ》の飛脚が到来すると状況は一変する。景時らは本拠地の相模一宮に城郭を築き、合戦に備えているものと警戒されていたが、前夜丑刻《うしのこく》、子息らを伴って密かに一宮を出立し、上洛の途についたのだという。そこで広元・康信・時政による評議を経て、三浦義村・比企兵衛尉ら景時追討軍が派遣されるに至った。

これ以降、『吾妻鏡』には景時滅亡の顚末が詳述される。二十日の亥刻《いのこく》、駿河国清見関《きよみがせき》（静岡市）に至った景時らは、街道や宿との結びつきが強い駿河の現地武士たちに阻まれて合戦となり、景時父子および伴類《ばんるい》の多くが討たれた。

同日条にはこの時の合戦の詳細が記されている。まず景時一行の通過を怪しんだ現地武士たちは一行に矢を射かけ、一行の後を追って狐崎《きつねがさき》にて景時らと戦い、そこに加勢に入った吉香《きっか》小次郎は景茂と一騎打ちを展開し、ともに討死した。その後、激戦が繰り広げられる中、駿河の御家人たちも駆けつけると景時の子四人が討たれ、残った景時と子の景季《かげすえ》・景高《かげだか》は背後の山に引いて戦ったが最終的に討死した。翌二十一日の巳刻、山中から探し出された景時らの首が、伴類三十六人の首とともに路次にさらされた。

三日後の二十三日酉刻《とりのこく》、景時一行を討った駿河国住人と派遣された幕府軍が鎌倉に到着し、それぞれ「合戦記録」を提出している。同日条にはその一部が引用されているが、右の合戦の詳細は、こうした「合戦記録」や口頭報告をもとに構成されたと見なされる。

そして、二十五日には合戦の論功行賞が行われたという。これに関しては、同日付になる頼家袖判下文《そではんくだしぶみ》が、案文《あんもん》を含めて複数残されている（松平基則所蔵文書、鎌一一〇三ほか）。

図18　梶原一族を祀る石塔群「梶原塚」(静岡市清水区)

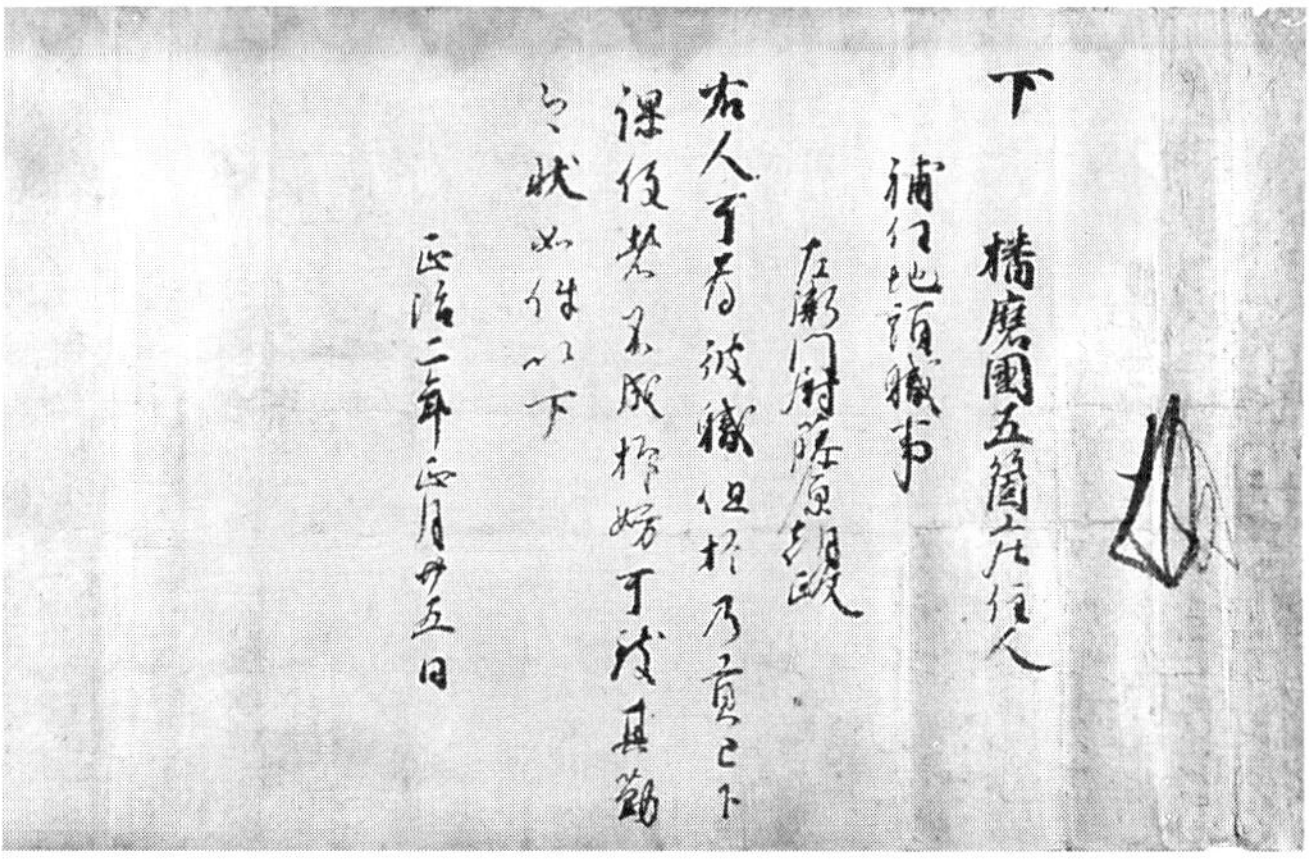

下　播磨国五箇庄住人
補任地頭職事
左衛門尉藤原朝政
右人、可為彼職、但於乃貢已下
課役等者、任傍例可致其勤
之状如件、以下
正治二年正月廿五日

図19　正治2年正月25日源頼家袖判下文(神奈川県立歴史博物館所蔵)

ところで、景時が行く手を阻まれた駿河国は時政の守護国であった。同時に、騒動の発端は時政の娘阿波局による情報提供であり、また京都に伝わった景時の讒言の趣旨が頼家排除・実朝擁立というものであったことから、この騒動の真の黒幕を時政とする考えも古くから根強いものがある。すなわち、本来時政が主導した実朝擁立計画を景時にかぎつけられたため、時政が先手を打って御家人たちに景時を排斥させ、さらに配下の駿河の武士たちを待機させて上洛途上で討たせたのが真相であったが、そこは北条氏を正当化する『吾妻鏡』の編者によって隠蔽されたというのである（石井一九六五など）。

しかし、そもそも実朝擁立計画なるものは景時の讒言の域を出ず、また阿波局の発言も現実のものとは見なし難い。時政が実際に実朝擁立に動くのは頼家の重病により後継者問題が生じた段階であり、それまでは外祖父として一貫して頼家を支える立場にあった。『愚管抄』をはじめ他の史料でも、この件の背後に時政の姿が認められないことは、やはり時政が直接関与した形跡がないことを示唆しており、『吾妻鏡』の編者が真相を隠蔽したとはいえない。広元らと同様、中立の立場にあったと見るべきだろう。

景時滅亡の余波

景時が討たれたことを確認した幕府は、安達親長《ちかなが》を京都に送り、景時の誅伐、および在京する景時余党の捜索を大内惟義《これよし》・佐々木定綱《さだつな》に指示した旨を報告した（正月二十四日条）。京都にも景時とつながる者や、それを疑われた者が少なくなかったことがわかる。

一方で、甲斐源氏の伊沢信光《いさわのぶみつ》から、兄の武田有義《たけだありよし》が景時と結んで上洛を企てているというので有義の館に向かうと、景時の書状を残してすでに逃亡していたとの報告が入った（正月二十八日条）。追放された景時が、源氏一門の人物を擁立して対抗しようとしたことが見て取れるが、そこには甲斐源氏内部の対立も絡んでいたことが窺える。

これを受けて編者サイドは、「二代の将軍家」（この時点で頼家はまだ「将軍家」ではない）の寵愛を誇り、「傍若無人の威」をふるう「多年の積悪」が自分にはね返り、孤立して「逆謀」に至った景時は、朝廷や鎮西《ちんぜい》の武士と連携して有義を将軍に立てようとしたと整理する。この評言の前半部分は、『六代勝事記』や『東関紀行《とうかんきこう》』にも類似の表現が見えており、やや時間を経た段階の視点による典型的な景時評と見られるが、朝廷や西国との連携計画というのは、現実に起こりうる事態として警戒されていた。

というのも、広元と康信は、この時、後鳥羽《ごとば》上皇が五壇法《ごだんほう》を始めたことから、景時が前もって奏聞《そうもん》を経て上洛したのではないかと疑念を持ったというのである（二月二十二日条）。

広元らの会話では、幕府が景時の件を朝廷に披露したのは二月一日とするが（ただし親長の入洛は翌二日）、実際には正月二十六日の酉刻、景時の逐電《ちくでん》を伝える幕府の飛脚が京都に到着し、朝廷では御卜《みうら》が行われ、祈禱も予定されていた（『玉葉』同日条）。また二十九日には、景時父子が駿河で討たれたとの情報も入ったが「実説を知らず」というレベルであり（『玉葉』同日条）、この日、景時の件への対応として警衛すべきことが議されている（『明月記』同日条）。こうした中で始められた五壇法も、謀叛に対する祈禱のためであった（『五壇法記』）。景時の動きに対する公家層の反応は概して冷淡であり、実際には、幕府との協調志向が強い当時の朝廷が景時と連携した様子は認められない。

その点では、幕府側の疑念は杞憂であった。それでも、その「伴類」が多く在京し、公家層とのつながりも深い景時について、朝廷との連携が恐れられたのは事実だろう。

同時に、景時は西国との結びつきも強く、特に播磨や美作の守護であったことから（元暦元年二月十八日条）、山陽道方面にはかなりの影響力があった。例えば、景時の余党として捕えられ鎌倉で尋問を受けた播磨の芝原長保《しばはらながやす》は、謀叛には関与していない旨を主張するが、景時の推挙により幕府に仕えるようになったことは認めており（二月二十・二十二日条）、西国御家人と景時との関係性がよく示されている。

東国では景時の動きに呼応した者は少なく、一族以外の連坐者についても、朋友とされた加藤景廉《かげかど》らの名が見える程度である。しかしその反面、内乱の過程で景時を通じて御家人化していった地方武士からは、一定の支持を集めていたといえよう。

景時と地方武士との関係として無視できないのが、九州方面とのつながりである。

九州武士の人脈

二月になると、頼家の側近であった勝木則宗《かつきのりむね》が景時余党として捕えられた。その供述によれば、景時に鎮西の管領を命ずる宣旨《せんじ》が下されるから、九州の一族に上洛すべき旨を伝えるようにいわれ、景時とは「契約の趣等閑《とうかん》ならざる」関係にあったため九州に書状を送ったが、事実かどうかはわからないとのことだった（二月二日条）。

則宗の供述の内容は、実現の可否はともかく、実際に景時が朝廷との連携のもと、九州・西国を基盤に対抗しようとしたらしいことを示す。したがって、こうした情報のある中、五壇法を始めた後鳥羽上皇の動向を幕府が不審としたのも無理はない。

勝木氏の本拠地は筑前国勝木荘（福岡県北九州市）で、則宗は相撲の技能を買われて頼家に近侍したが、一方で契約関係にあった景時の謀叛に義理立てするような動きを見せている。このことは、則宗のような地方武士にとって、自身と鎌倉殿を結びつける媒介となった有力御家人との関係は、より現実的な人間関係であったことを物語る。

なお則宗はその後、和田義盛に預けられ、翌年許されて九州へ下ったが、これには預《あずかり》人《にん》である義盛の助力も大きかったと考えられる。平氏滅亡後に九州の戦後処理を主導した義盛との接点も窺える点は、九州武士の人脈として興味深い（藤本二〇一〇）。

この時の景時の動きに呼応しようとした九州武士が実際にいたかどうかは不明だが、後の和田合戦では義盛方として戦った者に「つくしの人」も含まれており、また義盛方の残党が「西海に廻る」ことも警戒されているから（建保元年五月六日・九日条）、そうした方向に向かう可能性も皆無ではなかった。平氏追討で西国・九州へ赴いた有力御家人が、現地の武士たちとの間に個別に形成していた人脈は、頼家期以降もそれなりに維持されており、ことに有事の際には、その関係がカギとなるケースもあったのである。

その後、事態はいったん収束し、六月には政子に仕えていた梶原景高の妻の所領が安堵《あんど》された（六月二十九日条）。おそらく政子の働きかけも大きかったと思われるが、滅ぼされた敵方（謀叛人）の未亡人への格別の配慮は、頼朝時代の対応を継承したものといえる。

城氏の蜂起

ところが、翌建仁元年（一二〇一）二月、京都からの飛脚が急を知らせてきたことで、鎌倉に再び緊張が走る（二月三日条、南部本による）。

正月二十三日の夜、土御門《つちみかど》天皇の朝覲行幸《ちょうきんぎょうこう》のさなか、越後の武士城長茂《じょうながもち》が、大番のため在京中の小山朝政の宿所を襲撃した。朝政は行幸に供奉していて不在だったが、郎従が防戦して長茂を追い返すと、長茂は院御所におしかけて関東追討の宣旨の発給を求めたものの相手にされず、その後行方をくらました（二月三日条）。

『玉葉』によれば、長茂は頼家の勘気を蒙って鎌倉から逃亡して上洛し、当初標的とした朝政が不在だったため院におしかけ、頼家は朝敵だとして追討の勅を要求した。さらに長茂の仲間が徐々に捕えられたが、その中には奥州藤原氏の生き残りの本吉冠者《もとよしかじゃ》（藤原高《たか》衡《ひら》、秀衡の四男）も含まれていたという（『玉葉』正月二十三日〜二十五日条）。

この騒動は、景時の一件の余波と考えられている。内乱期に平氏方にあり、敗れて囚人となった長茂は景時に預けられ、その推挙により奥州合戦に加わっていた。高衡も奥州合戦後に相模に配流されたが、やはり景時が身柄を預かっていたようで、景時との個別の結びつきが強かったらしい（高橋一樹二〇一三）。一方、彼らが標的とした朝政は、景時にかわって播磨の守護になるなど、景時排除に伴う恩恵を最も受けた人物といえる。すなわち、景時に恩義を抱く者たちによる報復的な意味合いを持つ動きであったと見られる。

これに鎌倉も一時騒然となったが、幕府が京畿の御家人に捜索を指示すると、二月二十二日には長茂らが吉野で誅され、二十五日には彼らの首が大路を渡された。さらに二十九日にもその残党が討たれ、騒動はいったん鎮静化する（三月四日・十二日条）。

越後への飛び火

ところが、今度は城氏の本拠地であった越後で、長茂の甥資盛《すけもり》らが蜂起した（四月二日条）。そこで時政・広元・康信が評議し、在国の御家人たちで対応することとしたが、当時越後にはしかるべき統率者（守護）がおらず、折よく隣国の上野にいた佐々木盛綱（越後国加地《かじ》荘の地頭）に追討の指揮が命ぜられた（同三日条）。和田義盛の送った飛脚から「越後国御家人等を催し、資盛を誅すべき」旨を命ずる御教書《みぎようしよ》を受け取った盛綱は、即座に越後へ向かったという（四月六日条）。ただし、この時の盛綱の様子について飛脚が報告した内容には、実際に目にすることのできない話が含まれるなど、明らかに文飾が施されている。

およそ一ヶ月後、盛綱の使者が鎌倉に到着し、現地での戦況を報告している。幕府方は越後・佐渡・信濃三ヶ国の軍勢で資盛の拠る鳥坂《とつさか》城を攻撃したが、城氏側も資盛のおば坂《はん》額《がく》の活躍などで抗戦し、盛綱の子盛季《もりすえ》が負傷するなど苦戦を強いられた。最終的に坂額が股を射抜かれて生け捕られ、資盛も敗北したという（五月十四日条）。

なお、この報告の内容も盛季と海野幸氏《うんのゆきうじ》の先登り争いや坂額の奮戦ぶりなど軍記的な色彩が強く、すべてが盛綱の報告そのものとは見なせない。鎌倉に送られた坂額のエピソード（六月二十八日条ほか）とセットで伝わった言説などが挿入された可能性が高い。

ともあれ、景時の排斥問題は、京都周辺や西国・九州、さらには北陸などにも飛び火し、鎌倉周辺よりもむしろ、後発的に頼朝に従った経緯を持つ地方勢力に与えた影響が大きかったといえる。それがほぼ鎮静化するまでには、一年半以上の期間を要することになる。

ところで、この一件が収まると、以後しばらく幕府内外で目立った騒動は見られなくなり、かわって『吾妻鏡』中では、頼家周辺で行われた蹴鞠《けまり》や狩猟の記事が増加していく。この状況は従来、残存文書の減少傾向とも相まって、孤立を深めて政治への意欲を失った頼家が、幕府の政治から逃避する形で傾倒したと見られることが多い。後述するように、これには典拠となる原史料の問題も大きいと考えられるが、同時にその二年ほどの間が、頼家期の中では比較的平穏に推移した時期であったことも無視できないだろう。文書の減少傾向も、裏を返せば、代替わりに伴う動揺がある程度落ち着きを見せ、文書発給を必要とする問題・案件も徐々に減ってきたことの表れとも理解できなくはない。

頼家をめぐる芸能と文化

鎌倉の蹴鞠文化

「暗君」を象徴する遊興

これまで、頼家《よりいえ》期の基本路線が、源頼朝《みなもとのよりとも》晩年の方向性の延長上にある意欲的なもので、単純に資質を欠く「暗君《あんくん》」とのみ評価するのは妥当でないことを示してきた。とすると、「暗君」像の下地としてかなりのウエイトを占める芸能の分野についても、検証の余地が出てくる。

頼家が武芸・狩猟や蹴鞠《けまり》といった芸能を好んだことはよく知られる。これらの芸能に関する記事は、特に後半の建仁年間に集中することから、前半期に失政を重ねて御家人集団から見放された結果、政務への意欲を失って遊興に傾倒したものとして、そのマイナスイメージの強調材料となっている。

過度な傾倒は批判の対象にもなり得ただろうが、近年の研究では、芸能のたしなみから、単なる遊興に留まらない政治的・文化的意義も読み取られるようになっている。とすると、頼家の芸能からも、従来の評価とは異なる意義を見出しうるだろう。そこで、次に芸能・文化的側面から頼家像の読み直しを試みていきたい。

頼家の蹴鞠熱

革製の鞠を落とさずに繰り返し蹴り上げる蹴鞠は、院政期に院や摂関家をはじめ貴族社会で盛んになり、特に蹴鞠を好んだ後白河《ごしらかわ》上皇の時代には社会的地位も向上した。さらに鎌倉期には蹴鞠の技法や故実も確立し、蹴鞠を「道」とする家も形成されていく。

『吾妻鏡《あずまかがみ》』では頼家将軍記後半の建仁年間、頼家周辺で行われた蹴鞠の記事が集中する。建仁《けんにん》元年（一二〇一）の秋、後鳥羽《ごとば》上皇に要請して京都から上足《じょうそく》の派遣が決まったことを受けて、修練のため「百日御鞠」を開始して以降（建仁元年七月六日条）、頼家の発病直前の建仁三年七月までの期間、記事が立てられた日数の約三分の一に蹴鞠関係の記事が見える。蹴鞠にのめり込んでいたイメージを植え付けるに十分といえる。

加えて、頼家の蹴鞠をめぐっては、地の文ながら「政務を抛《なげう》」つ（建仁元年九月二十日条）として、蹴鞠のために政務を怠ったと取れる記事が見える。さらには、北条泰時《ほうじょうやすとき》や政子《まさこ》による苦言・諫言の場面もよく知られるが、これらは顕彰対象たる泰時や政子との対比が意識された感もあり、蹴鞠は「暗君」頼家を象徴づける芸能と見なされるのである。

図20　蹴鞠（『年中行事絵巻』巻3より）

だがこうした評言やエピソードについては、それが事実に即したものか入念に吟味する必要もある。

泰時の苦言と徳政

建仁元年九月二十日の夜ふけ、鎌倉で月星のようなものが落ちる現象が観測された。それに先立つ八月には大風が発生し、鎌倉にも被害が出た中、連日鞠会《まりかい》が行われていたところでの天変の発生である。それでも鞠会が行われる状況に、泰時は頼家近習《きんじゅう》の中野能成《よしなり》に苦言を呈すと（九月二十二日条）、自身は直後に北条に下向して撫民に励むという、遊興にふける暗君とは対照的な姿が描かれる（十月六日条）。

この時の泰時による苦言の趣旨は、大風で被害が出ている状況下で、わざわざ京都から

「放遊の輩」（北条本による）を召し下すのは適切でない、天変発生に対して、毎日の浜出（はまいで）を慎んだ頼朝生前の例を引き合いに、本来は「司天《してん》」（天文道の者）に見解を問い、問題がないことを確認してから鞠会を行うべき、などといったものであった。

　これも泰時の優等生ぶりを伝える逸話として著名だが、現実の発言かどうかは疑わしい。そもそも上足の下向は大風発生以前に後鳥羽上皇の命で決まっており、頼家が状況をわきまえずに呼び寄せたものではない。タイミングの問題としてそのような受け止めもあろうが、批判としてはやや無理筋である。また、この記事は『吾妻鏡』中の「司天」の初出となるが、頼家期には天文道に通じた専門の陰陽師《おんみょうじ》は鎌倉に常駐していない。幕府で天変に際して司天に勘申《かんじん》させる対応が取られるのは、実朝《さねとも》期に陰陽師が京都から下向して以降になるから、そうした対応が当然となる後世の感覚に基づく挿話と見なされる。

　なお、頼家自身、大風や天変の発生といった状況について、決してこれを放置していたわけではなかったようである。この年の冬、頼家は左衛門督《さえもんのかみ》を辞任しようとしているが（十二月二日・二十八日条）、これは鎌倉で暴風や流星など、怪異・凶事が多く重なったことを気にしたからだという（『明月記』同年十一月九日条）。頼家なりにこの状況を憂慮し、対応をはかる姿勢を見せていたことは認めてよい。

　ともあれ、この泰時の発言は当時の現実の会話文として問題があるが、『吾妻鏡』ではさらに、この「父祖を闍《さしお》」いた「諷諌《ふうかん》」が頼家の機嫌を損ねたに違いないと、ほとぼりをさますことを勧められた泰時が、兼ねて予定していたとして北条へ下向し（十月二日・三日条）、八月の大風で被害にあった人々の負債を免除する美談を載せる。

泰時が北条に下向した十月三日条、鎌倉に戻った同十日条には天候・時刻の記載があり、泰時の北条下向自体は日記類に基づく事実と見てよい。ただ、そこで証文を焼き捨てて以後の返済を無用とした上、飯酒や米をふるまうと、皆が感激して手を合わせ、子孫繁栄を願ったとあることまでは（十月六日条）、事実に立脚したものとは見なし難い。

というのもこの話は、泰時の「徳人」ぶりを伝えるべく、『史記』の孟嘗君列伝《もうしょうくんれつでん》中の「馮煖折券《ふうえんせつけん》」の故事をもとに創作されて流布していた、説話的言説に取材した可能性が高い（細川二〇一二）。泰時の北条下向にかけて、顕彰目的で挿入されたと見るべきだろう。

政子の苦言

頼家の蹴鞠をめぐっては、政子の発言も負のイメージに結びつく。

建仁二年正月、源氏一門の新田義重《にったよししげ》が死去して間もなく、以前から予定していた鞠会に赴こうとした頼家に対し、政子は「源氏の遺老、武家の要須《ようしゅ》」たる義重の他界直後の「遊興」は不適切として制止した。頼家は蹴鞠についてはその時の事情に左右されるものではないとしながらも、結局は取りやめたという（同年正月二十九日条）。

また、同年六月には政子は上足の鞠を見ようと御所に足を運んだ。千載一遇の鞠会に皆が興じ、大いに盛り上がったが、その翌日、自邸に戻った政子は態度を一変、後白河法皇の近臣だった平知康《ともやす》について苦言を呈したという。

鞠会後の酒宴で、酒に酔った知康が、北条時連《ときつら》の「連」の字を「下劣」として改名を勧め、頼家に「早く名を改むべきの由、将軍直に仰せらるべし」とけしかけると、面白がった頼家もこれに乗って「連の字を改むべし」と命じ、時連も承諾したという（同年六月二十五日条、南部本による）。これに政子は、知康が「独歩《どっぽ》の思《おもい》」をなすのは非常にけしからぬ、かつて義仲《よしなか》が起こした法住寺《ほうじゅうじ》合戦は知康の「凶害」によるものであり、また義経への同意により頼朝が激怒し、解官・追放を申し入れた経緯があるにもかかわらず、親しく仕えさせるのは頼朝の遺志に背く、とおかんむりだったというのである（同二十六日条）。

この挿話をそのまま信用すると、まさに頼家の思慮のなさの表れということになるが、これについても、その真偽はきわめて怪しいものがある。

まず、知康が当時まだ「将軍」にはなっていない頼家をつかまえて「将軍」などと呼んでいるのは、この話自体が後世に作られた言説に基づいていることを物語る。おそらく、時連から時房《ときふさ》への改名に関して、後にこのような逸話が流布していたのだろう。

また、政子の言に見える知康の「凶害」の話も、『延慶本平家物語』では同趣旨の内容が大江公朝《おおえのきんとも》による頼朝への弁明として見えており（『延慶本平家物語』第四）、知康の評価に関するよく知られた話が、政子の口を借りる形で取り込まれたものだろう。

当日の記事は天候記載を伴っており、政子の基本的な動静については日記類に基づく事実と認めてよいが、知康や政子の会話は現実のものとはいえず、両日の動向にかけて挿入されたと見なされる（藤本二〇二二）。

このように、頼家の蹴鞠には、政務を怠り、常識的には慎むべき状況でも「遊興」を優先する姿勢など、「暗君」ぶりが際立つようなエピソードが目立ち、蹴鞠は「暗君」を印象づけるための道具立てに使われているという見方もある（渡辺・桑山一九九四）。

蹴鞠記事の原史料

『吾妻鏡』の編纂段階には、すでに頼家＝暗君のイメージが一定程度形成されていたことは確実で、また蹴鞠についても、泰時の言では上足を「放遊の輩」といい、政子の言でも蹴鞠を「遊興」とするように、基本的にマイナスイメージが先行する感がある。それは実朝期にも、長沼宗政《ながぬまむねまさ》が「当代は歌鞠《かきく》を以て業となし、武芸は廃るるに似たり」と批判したとされるように（建保元年九月二十六日条）、武士が極めるべき武芸に対置されている点とも通じており、結果としてマイナスイメージを増幅させているようにも見える。

ただ、頼家期の蹴鞠記事の中には、頼家の技術の高さを伝える内容や、故実に関わる内容も少なくない。右のような創作的な会話文はともかく、純粋に鞠会について述べた多くの記事までもが、暗君ぶりを強調するための作為として集中的に投入されたとも見なし難い。この時期に蹴鞠関係の記事が集中するのには、別の事情もあると思われる。

頼家将軍記のうち建仁元年冬以降は、天候記載を伴う日条の割合が著しく低下する。このことは、編纂に際して、この時期は天候の情報を備えた同時代の日記類に恵まれなかったことを示す。一方、蹴鞠記事を含む日条に注意すると、紀行景《きのゆきかげ》の下向に伴い特記事項の多い建仁元年秋までは天候記載を伴うが、同年末以降は極端に減少し、建仁三年に至ってはほぼ天候記載がない。記事の書きぶりも、蹴鞠記事全体を通して大きな差はない。

このことから、建仁年間の蹴鞠関係の具体的な記述は、一定の関心のもとになる共通の原史料をもとにしたと考えられる。行景の下向前後に関しては、別の日記・記録類も用いられた可能性があるが、鞠会の具体的内容を記した部分については、日記などから蹴鞠に関する内容を抜き出してまとめた、二次的な記録類が主たる情報源に想定される（藤本二〇一二）。同時期の公家社会では、日記の別記や抄出の形になる鞠会の記録が成立していたが（渡辺・桑山一九九四）、そうした記録が鎌倉でも作られたのではなかろうか。

こうした原史料の状況は、結果として蹴鞠への内容的な偏りを生むことになる。すなわち、『吾妻鏡』の記事の構成を見た限りでは、建仁元年の秋以降、頼家があたかも蹴鞠ばかりにうつつを抜かしていたかのような印象を受けるが、それには取材した原史料の問題も大きいのであり、額面通りに受け取ることはできない。そうした事情にも注意しながら、頼家の蹴鞠への関わり方を注視していく必要もあるだろう。

蹴鞠を愛好する鎌倉殿

かつては、貴族政権や「公家化」した平氏政権との対置から、頼朝は蹴鞠などの貴族社会の遊興には関心を示さなかったとされていた（白井一九八〇）。だが近年はそうした見方は見直され、頼朝の芸能にも注意が向けられている。特に頼朝が勅撰歌人であったことは、実朝の和歌にも大きな影響を与えた要素として注目されている（坂井二〇一四a）。

蹴鞠についても同様な見直しは必要だろう。例えば、『群書類従』所収の鞠書《まりしょ》『成通卿《なりみちきょう》口伝日記《くでんにっき》』は、頼家の鞠仲間でもあった鶴岡別当定暁《じょうぎょう》の所蔵本を底本とするが、それは「鎌倉殿〈右大将〉」すなわち頼朝所蔵の本を写したものだった（渡辺・桑山一九九四）。実は頼朝も蹴鞠に関心を示さなかったどころか、自ら鞠書を所蔵するほどだったのである。頼家が幼少から蹴鞠を好んだのも、父の影響が少なからずあっただろう。

実朝もまた蹴鞠を好んでおり、承元《じょうげん》三年（一二〇九）には、後鳥羽上皇が行った鞠会の記録を入手したのをはじめ（同年三月二十一日条）、「旬《しゅんの》御《お》鞠《まり》」を始めて自らも参加し（建暦二年三月六日条）、「将軍家諸道を賞翫《しょうがん》し給う中、殊に御意に叶うは歌鞠の両芸なり」と評されるなど（建保二年二月十日条）、結構な入れ込みようであった。

こうした実朝の姿勢は、先述の「武芸は廃るるに似たり」のイメージから、貴族的趣味に走ったものと取られやすい。だが御家人たちも、「旬御鞠」に際して結番《けちばん》を行うと希望者が殺到し、北条時房に精選させたというから（建暦二年三月一日条、南部本による）、蹴鞠の文化は、実際には鎌倉殿を頂点として、御家人たちにも広く受容されていたといってよい。頼家が「政務を抛」つと評された際も、「人々皆」が蹴鞠の「道」に打ち込んだとされている。

その後も鎌倉における蹴鞠の重要度は高く、例えば仁治《にんじ》二年（一二四一）の小侍所《こさむらいどころ》番帳《ばんちよう》の更改に際して、「諸事芸能に堪《た》うるの者」を加え、各自が一芸を身につけるべきこととしたが、その諸芸には蹴鞠も含まれた（同年十二月八日条）。皇族将軍の宗尊《むねたか》親王の時代には、堪能の者を選抜して「旬御鞠の奉行」も編成されている（弘長三年正月十日条）。

こうした状況を見ると、蹴鞠は頼家が個人的に傾倒した遊興ではなく、頼朝時代から盛んで、実朝以降の鎌倉殿にも好まれ、重視された芸能であったことがわかる。その点では、鎌倉殿の身につけるべき芸能の一つといってもよいだろう。だとすれば、頼家の蹴鞠への評価もかなり変わってくることになる。頼家期に蹴鞠関係の記事が多く見られるのは、鎌倉における鞠会の先例として、その情報が豊富に蓄積されていたゆえに他ならない。

蹴鞠を通した公武交流

このように、蹴鞠は鎌倉殿にとって重要な芸能であったと目されるが、武家の首長である鎌倉殿《かまくらどの》も、貴族社会の一員として立ち回っていくには、他の公家たちと同様、芸能の素養は政治的にも重要な意味を持っただろう。そうした観点から鎌倉殿の周辺で行われた蹴鞠に注目すると、当時の公武交流における重要なツールとしての役割が見出せる。

この当時、京都でも後鳥羽上皇のもとで蹴鞠が盛んであった。そのピークは上皇自らが蹴鞠の「長者」として蹴鞠文化を牽引した承元年間ごろが中心だろうが、在位中の建久《けんきゅう》八年（一一九七）、鎌倉にいた藤原雅経《まさつね》を京都に呼び戻して以降、自ら庭に立つ機会も増加しており、頼家期はその前段階に位置づけられる。

その雅経は、父や兄が義経との関係から配流・解官されていたものの、自身は鎌倉で頼朝に祗候《しこう》し（『革匊要略集』）、大江広元《ひろもと》の娘を妻に迎えるなど（『尊卑分脈』）、幕府関係者と親密な関係を築いていたようである。成長期にあった頼家も雅経から蹴鞠を学んでおり、帰洛を命ぜられた雅経の送別として開かれた鞠会では、頼家自身も鞠庭に立ち、幕府や鶴岡八幡宮《つるがおかはちまんぐう》の蹴鞠仲間たちとともに時を忘れて楽しんだという（『革匊別記』）。雅経はその後もたびたび鎌倉に下向し、蹴鞠や和歌などの芸能を通じた公武交流の担い手として重要な役割を果たすが、その役割は子の教定《のりさだ》、孫の雅有《まさあり》らにも引き継がれた。

頼家周辺の蹴鞠でも、そのメンバーには北条時房・比企時員《ひきときかず》らの側近の武士や僧らととともに、藤原済基《なりもと》（伯耆《ほうき》少将）や上皇が派遣した紀行景ら、京下りの貴族・官人層の名も見えており、公武の人的な交流の場としても重要であった。

中でも異彩を放つのが先述の平知康である。知康は後白河院の側近であったが、尾籠《おこ》（不届）な者とされ、先の政子の言にもあるように、人物としての評価は芳しくない。だが、芸能の話になると事情はやや異なる。知康は「鼓判官《つづみのほうがん》」とも称された鼓の名手で、今様《いまよう》も「上手めかしき所」があったという（『梁塵秘抄口伝集』）。また、『延慶本平家物語』には法住寺合戦の弁明のため鎌倉に来た知康が、幼い頼家の前で「ヒフ」（お手玉・ジャグリング）を披露し、その芸能によって頼朝との面会が叶うという場面も知られる（『延慶本平家物語』第四）。実際の知康の鎌倉下向（文治二年）以前に設定された話だが、種々の芸能に通じていたことが頼朝・頼家との距離を縮めた点は認めてもよかろう。

知康は蹴鞠に関しても、その所作や装束が蹴鞠故実にも反映されるなど、かなりの知識と技術を備えていた。知康を毛嫌いするような描写のある政子も、鞠足としてはそれなりに関心を示したようである（建仁二年九月十五日条）。

ところで、こうした人的交流の背景には、後鳥羽上皇と頼家の密接な関係があったことは疑いないが、ここでも大江広元の存在は無視できない。先に広元の娘が雅経に嫁したことに触れたが、行景の下向時にも自邸に迎えて世話を焼き、往復の雑事も負担している。広元はまた、京都から鞠を取り寄せて頼家に献じたこともあり（正治二年六月十六日条）、京都の蹴鞠界にも広く人脈を持っていたらしい。芸能面でも公武関係をつなぐ位置にあった広元の立場は、公武の協調路線を維持していく上でも有効に作用したといえよう。

このように、鎌倉殿周辺の蹴鞠には京文化の吸収という意義もあり、京・鎌倉の人的な交流の場としての役割も大きかった。すなわち、公武の協調関係を推進・強化していく上でも重要な位置にある芸能であったといえる。したがって、単なる遊興や公家文化への傾倒としての評価は、一面的とせざるをえない。

武家の首長の「芸能」——武芸と狩猟

頼家と武芸

次に武芸の分野に目を転じてみよう。頼家は、頼朝の指名を受けた下河辺《しもこうべ》行平《ゆきひら》を師として弓馬の芸を磨き（建久元年四月七日条）、行平に師事した数日後に初めて笠懸《かさがけ》を射ると、皆が天性の技術に感服したという（同十一日条）。また建久四年（一一九三）には、由比浦《ゆいのうら》で結城朝光《ゆうきともみつ》から小笠懸《こかさがけ》の指南を受けたが（同年三月一日条）、その直後、富士の巻狩《まきがり》でみごと鹿を射止めたのは先述の通りである。話としては出来過ぎの感もあるが、『愚管抄《ぐかんしよう》』では「昔今フツニナキ程ノ手キキ」と評し、『六代勝事記』でも「百発百中の芸に長じて、武器武家の先にこえたり」とされるように、技術が高かったことは京都方面にも知られた事実と見られる。

実際に、頼家将軍記には武芸や狩猟に関係する記事も多く、高度な技術を披露する武士

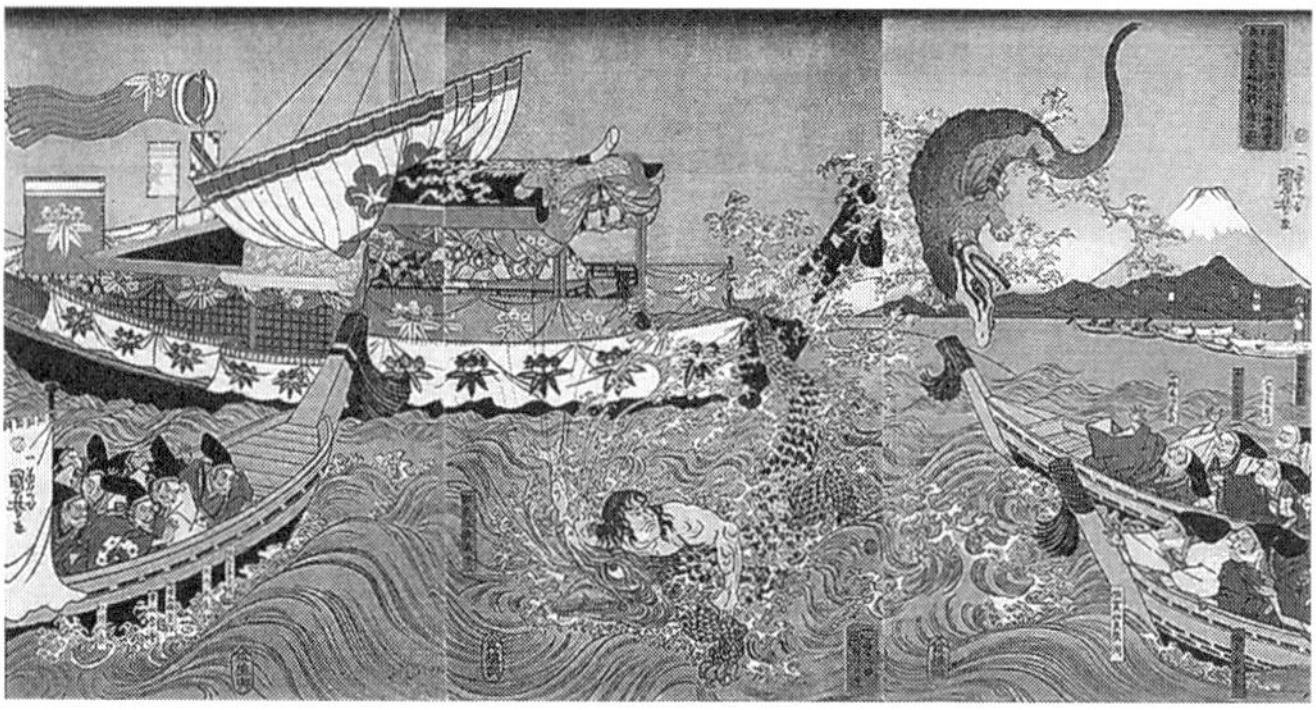

図21　水練の芸を披露する朝比奈義秀（「源頼家公鎌倉小壺ノ海遊覧朝夷義秀雌雄鰐を捕ふ図」，東京富士美術館所蔵）
義秀が捕えたのは鮫だったが，鰐に置きかえられている．

たちの逸話や、そうした者への褒賞の記事も目立つ。

　由井浜や三浦などの海辺に出た折には、射手を選抜して笠懸を行うのが例となっていた。正治《しょうじ》二年（一二〇〇）に小壺《こつぼ》を訪れた際にも、「例の笠懸」を行っているが、この時はさらに船で海上に出て、朝比奈義秀《あさひなよしひで》に水練の芸を披露させている（同年九月二日条）。

　相撲《すもう》に関する記事も多彩である。正治元年九月、予定していた永福寺《ようふくじ》での鞠会が雨で中止になると、和田義盛《わだよしもり》宅で相撲を行っている（同年九月二十三日条）。また頼家の側近には、九州武士ながら相撲の技能により召し抱えられた勝木則宗《かつきのりむね》のような変わり種もいた。

　さらに先述の小壺では、義秀の水練の技を賞した頼家が、奥州一といわれる愛用の名馬を与えようとしたところ、以前からその馬を所望していた兄の和田常盛《つねもり》が、相撲の勝負の結果によって誰に与えるか決めてほしいと願い出た。面白がった頼家が兄弟で対決させたところ、なかなか勝負がつかず、北条義時《よしとき》が割って入った隙に、劣勢であった常盛が裸のまま馬に乗って走り去り、義秀は大いに悔しがったという（正治二年九月二日条）。

多分に説話的な色彩もあるが、実際に三浦一族には相撲の巧者が多かったようで、後に三浦泰村《やすむら》・光村《みつむら》の兄弟が将軍頼経《よりつね》御前での相撲勝負を行っている。この時の勝負は、頼家時代の右の先例により雌雄を決することをしなかったが（嘉禎三年四月十九日条）、このように、後世に先例として引かれるエピソードが生み出されていたことも注目される。

加えて、後の武芸関係の故実書には、『笠掛記《かさがけのき》』や『丸物草鹿之記《まるものくさじしのき》』など、その由緒《ゆいしょ》を頼家に結びつけるものも見られる。頼家将軍記に見える武芸関係の挿話的な記事も、そうした故実書や、説話的な文献に見える武芸関係の逸話、あるいは東国武士の家々に伝えられていた由緒などが情報源に含まれる可能性があるだろう。

このように、頼家にまつわる武芸の情報は、意外に多く伝えられていた。ことに武芸の分野においては、頼家も否定的には捉えられていなかったといえるだろう。

武家の首長と狩猟・巻狩

武芸を好んだ頼家は、鎌倉殿継承後もたびたび狩猟に出かけている。これも京都方面で流れたという「いたくかりをこのみ、ひとのなげきをしらせ給はず」（文覚《もんがく》書状、鎌一〇九九）との風評と相まって、頼家の「武断政治」の象徴として、その「失政」と結びつけて否定的に捉えられることもあった（入間田一九八四）。同時に、『吾妻鏡』では頼家の病気引退に結びつけられた感もあり、頼家の狩猟に負の意味合いをことさら強調する向きもある（小林二〇一一・藪本二〇二二）。

だが近年の研究では、鎌倉殿が行う狩猟・巻狩の持つ意味について見直しが進み、その評価も変わってきている。狩猟・巻狩の文化は、武家の首長＝東国の「王」が主宰する、その地位や支配権を象徴する芸能であり、当初は頼朝から頼家へと継承された。だがその後、実朝や頼経には継承されず、かわって執権政治を確立して幕府を主導し、事実上の武家の首長ともいうべき位置に立った北条氏得宗《とくそう》が、それにふさわしい実力を備えたことを示すべくこれを取り込み、引き継いでいったと整理されている（中澤二〇一八）。すなわち、狩猟・巻狩は、武家の首長にとって必須の文化的素養と解されるようになってきている。

その点に関して興味深いのは、実朝の鎌倉殿継承直後、尼御台所《あまみだいどころ》＝政子の計らいとして、諸国地頭分の狩猟が停止された点である（建仁三年十二月十五日条）。すなわち、一般御家人クラスには、支配権を象徴し、組織の統率を取る軍事演習の要素も備えた狩猟の主宰が原則認められない方向性が窺える。そして、この命令が宿老《しゅくろう》の評議によらず、幼年の実朝にかわり鎌倉殿の機能を代行した政子の裁量で発せられたことは、こうした件が、まさしく武家の首長たる鎌倉殿に直接帰属する性格のものであることを意味するだろう。

このように、武家の首長に必須の「芸能」としての視点から頼家の狩猟を見た場合、先に見た蹴鞠と同様、単なる遊興には留まらない意義が浮かび上がってくる。

雪の大庭野にて

頼朝の一周忌直後の正治二年正月十八日、頼家は雪の中、大庭野《おおばの》（神奈川県藤沢市）に出て狩猟を行った。波多野経朝《はたのつねとも》や工藤行光《くどうゆきみつ》が抜群の射芸を披露するなど盛り上がりを見せ、還御《かんぎょ》は日暮れとなった。

実は頼朝も奥州合戦から帰還後の文治《ぶんじ》五年（一一八九）十一月十七日、雪の大庭野で狩猟を行っており、頼家の狩猟はこの先例を踏まえたものと考えられている（中澤二〇一八）。とすると、両者にどのような関係性が認められるかが問題となる。

まず、この狩猟が史料上、鎌倉殿継承後の初例となる点が注意される。頼朝による建久四年の一連の狩猟は、後白河法皇の没後一年間諸国に狩猟を禁じ、周忌明けを待って満を持して行われたものだった。頼家の狩猟が、父頼朝の一周忌直後のタイミングで初めて史料上に特記されるのは、父の行動を踏襲したことによるのだろう。

またこの狩猟の直前、年始の椀飯《おうばん》の儀礼が四日以降も延々と続き、十五日には在京の

表7　相模大庭野の狩猟の実施例

人物	実施年月日	天候	備　　考
源頼朝	文治5年(1189)11月17日	雪	奥州合戦後
源頼家	正治2年(1200)正月18日	雪	頼朝の一周忌後＝代始
北条義時	貞応元年(1222)正月10日	雪	承久の乱後
北条経時	暦仁元年(1238)12月3日	雪	将軍頼経の上洛後

佐々木定綱《さだつな》までもが献じていた。このように椀飯が例年以上に盛大となるのは、幕府にとって記念すべき画期の直後に顕著で、正治二年のこの状況は頼家の代始《だいはじめ》を祝うものと考えられる。そうした中で行われた大庭野の狩猟は、新たな鎌倉殿の代始という画期を象徴すべく、奥州合戦直後の頼朝の先例を追う形で行われたのではなかろうか。

大庭野ではその後も、特殊なタイミングに対応した狩猟が行われている。まず正治二年と同様に椀飯の日数の多かった貞《じょう》応《おう》元年（一二二二）正月、北条義時が雪の中、大庭野に赴いている（同年正月十日条）。まさに前年の承久の乱で勝利した直後の年始にあたり、幕府にとって重大な戦いを終えた後という点では、文治五年の頼朝の事例とも重なる。

次に暦仁《りやくにん》元年（一二三八）十二月、北条泰時の後継者たるべく成長した孫の経時《つねとき》が、やはり雪の大庭野で狩猟を行っている（同年十二月三日条）。この年は将軍頼経が上洛し、十月末に鎌倉に戻っていた。鎌倉殿の上洛は実に建久六年の頼朝二度目の上洛以来で、出立から帰着まで十ヶ月を要した一大イベントを成し遂げた直後であった。

このように、幕府の重要な画期というべき出来事に対応する形で、雪の日に、鎌倉殿や得宗が大庭野へ赴く事例が多出するのは、単なる偶然では片づけられない。共通性のあるこれらの行動には、相応の意味を見出しうるだろう。

大庭野は、治承《じしょう》四年（一一八〇）初冬、鎌倉入り直後の頼朝が、平維盛《これもり》率いる追討軍と対峙するために出陣する際、十万騎の軍勢で陣を敷いたとも伝えられ（『平治物語』下）、後には頼朝の軍事行動の起点というべき象徴的な場として意識されたと見られる。そうした由緒を伝える場が、武家の首長が冬狩に用いる狩庭として位置づけられ、頼朝から頼家、そして北条氏得宗へと継承されたことが示されていよう。また、武家の首長たるものが、重要な画期に際してこの地に赴いて狩猟を行うことが、頼朝・頼家父子の行動によって例となり、その先例が義時や経時にも意識され、踏襲されたのではなかろうか。

富士を望む狩庭

頼家は正治二年閏二月、特に動員した六十人余りの武士を率いて伊豆藍沢《あいざわ》（静岡県御殿場市）に赴いたのを皮切りに（同年閏二月八日条）、春から秋にかけての季節に、たびたび伊豆・駿河で狩猟を行っている。富士を望む伊豆・駿河の山野は、鎌倉殿の夏狩の狩庭であった。

なかでも注目されるのは、建仁二年（一二〇二）九月、数百騎を動員した大規模な狩猟である（同年九月二十一日条ほか）。頼家はこの七月に征夷大将軍となったが（同年八月二日条）、これは父頼朝の例にならい、二位に昇進したタイミングが選ばれたと考えられている（杉橋二〇一二）。その直後に行われたこの狩猟は、頼朝による建久四年の富士の巻狩を踏襲したものと解されている（中澤二〇一八）。

先述のように、建久四年の狩猟が後白河法皇の一周忌明け直後に行われたのには、法皇の没後一年間狩猟を禁じていた経緯があった。その間頼朝は「大将軍」＝征夷大将軍の地位につき、平時の体制の整備と主従関係の再編成を進めており、禁が明けるや、多数の御家人を動員して実施した一連の大規模な狩猟には、東国の支配権を内外に示し、かつ御家人の忠誠心をはかるという政治的意図があったと考えられている（木村二〇一二）。

その考え方を踏まえると、建仁二年九月の頼家の狩猟からは、頼朝による建久四年の事例に相通ずる要素が検出できる点は非常に興味深い。

頼家が伊豆・駿河へ出発した際、動員された数百騎のうち、小笠原長経《おがさわらながつね》らの側近を「内《うち》の勢子《せこ》」に選んだが、特に弓矢の携帯を許されたのは中野能成のみであった。また、「外の勢子」とした残りの者たちも、射手に指名された和田常盛ら十人ほどを除いて、やはり弓矢を持つことは認められなかった（建仁二年九月二十一日条）。

頼朝による建久四年の巻狩でも、これに近い方式が見られた。信濃三原野《みはらの》に向けて出発する際、頼朝は弓馬の技術に優れ、かつ隔心のない者二十二人を選び、彼らのみに弓矢の携帯を許し、他の者は「踏馬《とうば》の衆」として弓矢を持たせなかった（同年三月二十一日条）。頼家としては出発に際して、この方式を故実として踏襲したのだろう。

そうした要素に注意して、この時の頼家の狩猟に込められた意味を考えると、父と同じ征夷大将軍という地位を得たことが、頼家にとって「大将軍」たる鎌倉殿の「家」を継ぐという意味でも重要な画期であり、その画期に際して、「大将軍」としての自己の地位を、父の先例を追いつつ武家社会に明示する意味合いが込められた、とはいえないだろうか。とすれば、このように重要な画期に際して頼朝に範をとり、これを踏襲する狩猟を行う姿は、武家の首長たる地位を芸能面でも継承した頼家の、まさに面目躍如といえる。

なお、鎌倉殿自身が狩猟の文化を直接担わなくなると、この狩庭にも北条氏得宗の姿が見えるようになる。経時はたびたび藍沢に赴き、特に評定衆に加わった直後の仁治二年（一二四一）九月には、頼朝・頼家に匹敵する規模の狩猟を行うなど（同年九月十四日条）、源氏将軍並みの狩猟を展開した。すなわち、この富士を望む狩庭も、頼朝・頼家父子の後、事実上の武家の首長たる北条氏得宗に引き継がれていったといえよう。

神との交渉の場

右に見た大庭野や富士といった武家の首長を象徴づける狩庭には、単なる訓練や「遊興」の場にとどまらない意味付けが窺えるところも見落とせない。

その第一は、民俗事例には狩猟と神事とが不可分に結びつく事例が見られるごとく、狩猟の場には、神との交渉の場としての側面が想定される点である。

頼朝が建久四年に行った巻狩には、統治者としての資格を神に問う意味があったと考えられている。特に初めて巻狩に参加した頼家が鹿を射止めると、そこで巻狩は打ち切られ、山神《やまがみ》矢口祭《やぐちまつり》が行われたことは注目される。この儀式は、狩人の世界で生まれて初めて獲物を射た者が執り行う儀礼である「ヤビラキ」に通じるもので、神の加護のもと、一人前の狩人になったことを証するものであるという（千葉一九七五）。

つまり、ここには頼朝が頼家を後継者として神に披露し、その後継者としての資格を問われた神が、獲物を与えることでこれを祝福、承認すると、狩を中止して神への感謝の祭祀に移行する、という交渉の過程が示されている。

後に泰時や経時も矢口祭を行っているが、北条氏得宗による矢口祭の故実は、さらに室町将軍家に引き継がれたという（中澤二〇一八）。すなわち、神との交渉としての側面も、頼朝・頼家以降、武家の首長たる立場にある者たちによって伝えられたといえる。

一方、大庭野での狩猟が、戦勝や代始など重要な画期となる吉事の直後という特殊なタイミングに偏るのは、幕府が迎えたそうした画期を、首長たる存在が神に報告・感謝する意味が含まれたゆえとも解されるだろう。頼家の大庭野の狩猟では、「禽獣《きんじゅう》その数を知らず」と強調されているが、そうした場面で多くの獲物が与えられることもまた、その報告を神が受け入れ、祝福したことの証左と考えられたのだろう。

そうした見方が誤りでないとすれば、鎌倉殿や得宗が狩猟・巻狩を重視する姿勢について、単なる「遊興」への傾倒という評価のみでは、とても説明しきれるものではない。

第二に、鎌倉殿による狩猟の場が、開かれた政治の場でもあった点も注意される。

狩猟の場の政治性

貞永《じょうえい》元年（一二三二）、神護寺領播磨国福井《ふくい》庄西保《にしのほ》の預所《あずかりどころ》に訴えられた地頭《じとう》の反論には、頼家の狩猟に関する興味深い内容が見られる。

左衛門督家の御時、富士の御狩の御所に於て御定《ごじょう》を蒙るの後、証文なしと雖も、三十余年、色々の得分《とくぶん》相違なし（神護寺文書、鎌四三七九）。

この人物は頼家の時代、富士の狩猟の宿所で地頭の得分に関する裁定を受け、証文はないものの以後三十年余り相違はなかったとして、正当性を強調している。すなわち、狩猟で富士に滞在中の頼家が、その場で訴訟の裁定を行っていたことになる。

こうした「御狩の御所」のような場でのイレギュラーな訴訟聴断は、頼家の「武断政治」＝「暴力むきだしの政治路線」を象徴する事例に数えられ、悪政と見なされたこともあった（入間田一九八四）。だが、これも決して頼家に特化した対応ではない。

頼朝による建久四年の富士の巻狩では、頼朝の滞在する「御旅館」に、近辺の宿を拠点とする遊女たちが群参したが、それには訴訟の目的もあったようで、以後、里見義成《さとみよしなり》を「遊君別当」として、遊女の訴訟の取り次ぎを命じたという（同年五月十五日条）。

また、この時起こった曽我事件に巻き込まれて命を落とした備前国吉備津宮《きびつみや》の王藤内《おうとうない》は、これ以前、平氏家人に与した嫌疑で囚人となっていたが、工藤祐経《すけつね》を通じて無実を訴え、事件直前の五月二十日、富士野滞在中の頼朝から本領の返給が認められていたという（同年五月二十八日条）。このように、頼朝の巻狩の宿所も、やはりイレギュラーな形で訴訟が扱われる場だったようである。

こうしたあり方は、例えば頼朝が建久六年の上洛の折、天王寺を参詣した頼朝のもとに「直に見参に入候はん」とやってきた一人の尼の訴えを聞き、その場で扇に安堵《あんど》の意を示した和歌を書いて与えた話（『古今著聞集』巻五）とも相通ずるところがある。また、同じく建久六年の上洛の帰途、経由した各国で行った国政の聴断も質的に近いだろう。鎌倉殿が出御した機会に、自らの訴えを聞き届けてもらおうと人々が集まってくることも少なくない中で、そうした人々に門戸を開くことも、ある種の「徳政《とくせい》」と見なされよう。

とすると、頼家による「御狩御所」での「御定」も、そうした頼朝の狩猟の場の意味付けを継承したものと考えられる。それはとりもなおさず、武家の首長の「芸能」の継承者としての姿勢の表れともいえるだろう。

寺社・宗教者との交流

続いて、頼家の文化面での動向に関して、寺社や宗教者との関係にも注意したい。

宗教者との関係

頼家の宗教者への対応として著名なのが、正治二年（一二〇〇）に行われたという念仏僧の弾圧である。念仏僧の黒衣《こくい》を嫌った頼家が、これを禁断《きんだん》しようと彼らを召し集めた際、近習の比企時員が僧たちの袈裟《けさ》をはぎ取って焼き、見る者は皆「弾指《だんし》」（非難）した。ところが、そのうちの伊勢称念《しようねん》なる者が抗議し、自分の衣は焼けないと宣言すると、彼の衣の火が消え、称念はその衣を着て姿を消したという（同年五月十二日条）。

このような逸話はおよそ事実とは見なし難い上に、この時期の『吾妻鏡』の記事には『明月記《めいげつき》』を利用した作文が目立つが、この話に見える「見る者堵《かき》の如し、皆弾指せざるはなし」というくだりも、『明月記』から引かれた可能性がある（『明月記』同年三月二十九日条）。念仏僧の禁断は事実としても、袈裟を焼いた顚末については創作色が強い。

また頼家自身、宗教者に抑圧的な政策を取っていたわけではない。例えば、鎌倉中の諸堂の僧侶を御所に招いて饗応するなど（建仁二年閏十月十三日条）、鎌倉の宗教者たちとの関係は基本的に良好だったようで、念仏僧への対応は例外的なものであろう。

鎌倉の寺社と一切経会

鎌倉の寺社でも、頼朝が造営した鶴岡八幡宮・勝長寿院《しょうちょうじゅいん》・永福寺といった、幕府直属ともいうべき寺社には、頼家も深く関与していた。

中でも鶴岡八幡宮は、年始の参詣・奉幣《ほうへい》や、放生会《ほうじょうえ》などの祭祀、仏事への参列を受ける一方、頼家の遠行や病気に際して祈禱を行うなど、特に密接な結びつきがあった。後に別当となる定暁らの僧は頼家の蹴鞠仲間でもあり、芸能面でのつながりも深かった。

また頼家は、建仁元年八月の大風で廻廊や八足門が倒壊すると、間もなく再建に着手して復興につとめ（同年十月二十七日条）、さらに建久年間の大火で焼失したままであった塔の再建にも乗り出すなど（建仁三年二月十一日条）、保護者としての存在感も示している。

その点は永福寺についても同様で、梶原景時の鎌倉追放後、頼家はその家屋を同寺の僧坊に寄進している（正治元年十二月十八日条）。また、永福寺には頼家の乳母でもあった平《ひら》賀義信《がよしのぶ》の妻の追福《ついふく》のため多宝塔が建立されたが、その供養には政子とともに結縁しており（建仁二年三月十四日条）、建立にも何らかの形で関与したと思われる。

こうした幕府直属ともいうべき寺社との関係でも興味深いのが、仏教経典の集大成である一切経《いっさいきょう》（大蔵経）を供養し、舞楽などを奉納する一切経会への参列が目立つ点である。

一切経を所持することは、その寺院の格式の高さを示すとともに、導入の主体となった世俗権力の権威をも示す意味もあった。一切経を所持する寺社で、その権威を示す恒例の行事として行われたのが一切経会で、十一世紀後半以降、宇治平等院で三月三日を式日として定着すると、さらに十二世紀には他の寺社でも恒例となっていった。

鎌倉でも一切経を所持する寺社は複数あったが、その中でも早い段階に遡るのは、鶴岡八幡宮・勝長寿院・永福寺に他ならない。注目されるのは、それらの寺社での一切経会の実施が史料上にはっきり現れるのが、そろって頼家期となることである。

その初出は正治二年に勝長寿院で行われたもので（同年六月十五日条）、続いて鶴岡八幡宮（建仁元年三月三日条ほか）、さらに永福寺（建仁三年三月十五日条）でも見られるようになる。いずれも頼家が参列しているが、以後、一切経会への鎌倉殿の参列や奉幣は恒例となる。すなわち、将軍家に直結する寺社に一切経が備えられ、鎌倉殿の参列のもと一切経会が恒例、定式化して、その権威づけが進んでいく画期が、頼家期と重なることになる。

もっとも、鶴岡の一切経会は初出の時点で「例の如し」とされており、実施自体はやや遡る。あるいは同宮に一切経が納められた頼朝晩年に、三月三日を式日とする恒例の法会が、平等院にならった一切経会に転じていた可能性も考えられる（高橋慎一朗二〇〇五）。ただその場合、建久年間の頼朝が、仏法の保護者たらんとふるまったとされることを踏まえると（川合二〇一二）、その鎌倉の寺社に対する姿勢が頼家にも継承され、その格式や権威も定着に向かったと見ることもできよう。

栄西の鎌倉入り

頼家と交わった宗教者として、臨済宗の開祖と仰がれた栄西《えいさい／ようさい》の存在は非常に大きいといえるだろう。

鎌倉における栄西の活動の史料的初見は、正治元年九月、幕府での不動尊供養の導師を勤めたことである（同年九月二十六日条）。それ以前、頼朝の四十九日や百箇日の仏事に栄西が関与した形跡がないところを見ると、栄西が鎌倉に入ったのは頼朝の百箇日以後のことで、頼家らによって招かれたと見てよいだろう。

その後、栄西は翌年正月に頼朝一周忌の仏事で導師を勤め、閏二月に政子の発願により寿福寺《じゅふくじ》が創建されると、その開山となった。また、頼家乳母（平賀義信の妻）の追福を目的とした永福寺多宝塔の供養でも導師を勤めるなど、頼家・政子に関わる活動を続けている。

鎌倉での栄西の活動は、密教僧としての度合いが強かったといわれるが、いずれにしても、幕府からの信頼は厚かった。実朝期においても、栄西とその活動は引き続き重んじられたから、頼家が栄西を招き、帰依《きえ》した意義は大きかったといえるだろう。

建仁寺の創建

頼家と栄西の関係の最たるものが、建仁二年（一二〇二）、頼家が施入した京都五条以北、鴨川以東の地に、栄西を開山として創建された建仁《けんにん》寺《じ》である。

施入された地は平氏の屋敷跡とも伝承されており、往時の平氏の拠点、六波羅《ろくはら》の一角をなした場と目される。すなわち、古くからの葬送の地、冥界への入口で、六波羅蜜寺《ろくはらみつじ》などに象徴される信仰の場と、平氏の拠点を継承した新興の武家地が共存する空間に、武家の後押しを受け建立された信仰施設が建仁寺であった。その後、建仁寺は官寺《かんじ》に列して伽藍《がらん》も整備され、このエリアの空間的性格を象徴する存在になっていく（高橋慎一朗一九九六）。

ところで、頼家政権がこの時期、京都で寺院創建に動いたのはいかなる事情によるのか、という点も気にかかる。建仁寺の創建については同時代の情報が乏しく、不明な点が多いが、『沙石集《しやせきしゆう》』などに伝わる次の説話には、若干のヒントが隠されていそうである。

栄西が寺院の建立を志していたころ、天下に大風が吹き被害が出た。人々はこれを禅僧の異国風の大袈裟のせいだと非難し、禅僧追放の宣旨《せんじ》まで出される事態となったが、栄西

図22　建仁寺勅使門（京都市東山区）

は動じずに材木を買わせ、宣旨に対しても毅然として反論した。これに感心した朝廷は、希望があればかなえようと宣下《せんげ》したところ、栄西は寺院の建立を願い出て、建仁寺が創建されたのだという（『沙石集』十。『元亨釈書』は元久二年の官寺化にかけて収録）。

この話の真偽はひとまず置いて、ここでは建仁寺創建に至るきっかけとして、天下に大風が吹いたことが取り上げられている点、その際、それまで京都で立場の良くなかった栄西が、一転して寺院創建にこぎつけた点に注目したい。

というのは、この大風のモデルには、建仁寺創建が発願される前年の建仁元年、現実に発生し、甚大な被害をもたらした大風が想定されるのである（多賀一九六五）。この大風に天変も重なったことを憂慮した頼家は、左衛門督を辞そうとしたほどであった。

とすると、頼家が栄西に託して建仁寺の創建を発願するに至ったのには、前年の大風の発生も背景の一つとなっていたのではなかろうか。そして、その建仁寺が京都では必ずしも支持を得ていなかった栄西によって建立されることが認められたのも、栄西に帰依し、信頼を寄せていた頼家・幕府による強い後押しがあったゆえと想定できよう。

政権の終末

不穏な気配

怪異の連続

建仁《けんにん》三年（一二〇三）に入ると、『吾妻鏡《あずまかがみ》』には不審な記事が目立ち始める。正月二日、源頼家《みなもとのよりいえ》の長子一幡《いちまん》が鶴岡八幡宮《つるがおかはちまんぐう》に奉幣《ほうへい》すると、八幡大菩薩が巫女《みこ》の口を借りて「今年幕府に大きな事件がある。若君は家督《かとく》を継ぐことができない」と託宣《たくせん》したという。

この二日条には天候記載があり、奉幣自体は日記類に基づく事実と見られるが、この託宣中の「家督」の語は、長子と同義で用いる当該期の用法とはいえず（高橋秀樹一九九六）、託宣の部分は、結果を知る立場にある編纂段階の視点によると見なされる。

まさにこれから起こる騒動とその結末を予見する託宣に始まり、六月から七月にかけては、八幡神の使者たる鳩の怪死の記事がたて続けに現れる。その一方で、二月には千幡《せんまん》

（実朝）の鶴岡参詣の記事を載せ（二月四日条）、実朝の時代の到来を暗示しつつ、怪異によって騒動の発生を八幡神が予告するような展開には、曲筆や捏造を疑う目もあろう。

実は後世、頼家末期にはこれ以外にも種々の怪異が現れたという認識があったらしい。例えば宝治《ほうじ》元年（一二四七）、陸奥津軽の海辺に大魚が漂着する変事が報告されたが、「世御大事」の予兆として、奥州合戦、和田合戦の直前とともに、「建仁三年夏」が例に挙げられ、宝治合戦の発生を導いている（同年五月二十九日条）。また京都でも寛元《かんげん》三年（一二四五）正月、雷鳴が続いた上に鎌倉でも大雪が降ると、頼家と実朝の例を根拠に、「将軍有事」の前には必ず大雪が降り、また頼朝・頼家・実朝の例から、正月の雷鳴は代々「将軍有災」に結びつくとされた（『平戸記』同年正月十六日条）。このように鎌倉中期には、将軍の凶事に共通する予兆と理解された諸事象が、先例や伝承として知られていた。

この時期の『吾妻鏡』に頻出する鳩の怪異も、実朝暗殺の直前、同様の怪異の記事が見えている（承久元年正月二十五日条）。とすると、右の事例と同様、鳩の怪異に関する先例や伝承が蓄積され、源氏将軍の有事に共通する予兆として整理・理解されていたものが、それぞれ記事に取り込まれたと見ることができる。つまりこうした怪異の記事は、これを有事の予兆と見なす後世の整理・認識の反映であり、当時実際に発生した事象かどうか疑問もないではないが、記事そのものが捏造されたとまでは考えにくい。

阿野全成事件

五月十九日、頼朝《よりとも》の弟阿野全成《あのぜんじょう》が謀叛の嫌疑で突如、拘束された。翌日、頼家はこの件につき、全成の妾阿波局《あわのつぼね》を取り調べるため、政子《まさこ》のもとに近習の比企時員《ひきときかず》を遣わし、彼女を出頭させるよう求めたが、政子はそうした問題は女性の関知するところではなく、また全成は駿河に下向していて音信もないゆえ、彼女には全く嫌疑はないとして応じなかった。

間もなく常陸に流された全成は（五月二十五日条）、翌月、下野で八田知家《はったともいえ》に討たれた（六月二十三日条）。同時に、全成の子息らが京都にいるとの情報を得た幕府は、京都の源仲章《なかあきら》・佐々木定綱《さだつな》にこれを探索して討つよう指示し（六月二十四日条、南部本による）、その後全成の子頼全《らいぜん》も討たれている（七月二十五日条）。

この事件について、全成・阿波局夫妻と時政《ときまさ》・政子らが結んで実朝擁立をはかったものともいわれるが、真相はよくわからない。その後、阿波局が追及された形跡はなく、また頼家は伊豆や駿河へ狩猟に赴き（五月二十六日条）、鎌倉では頼家不在ながら鞠会《まりかい》が開かれるなど（同二十九日条）、鎌倉に大きな混乱があった様子もない。この時点では頼家の後継が問題になることは自明でなく、頼家の発病以後の激変を前提にすべきではない。

一方、『六代勝事記』では全成の誅殺《ちゅうさつ》は「讒《ざん》に帰し」たものとしており、謀叛の嫌疑自体が讒訴によった可能性が高い。そこから、讒訴の主を北条氏の動きを警戒した比企能員と見る考えもあるが（山本みなみ二〇二一）、これも後継をめぐる対立の存在を前提としており、この時点で能員が直接絡むべき要素は認められない。

そこで注意が向くのは、駿河に下向していたという全成を捕らえたのが、甲斐源氏の武田（伊沢）信光《のぶみつ》とされる点である。信光は梶原景時《かじわらかげとき》の一件でも兄有義《ありよし》の景時との連携を通報したように、源氏一門が絡む事件にたびたび関わり、将軍家や幕府の意向に沿いつつ競合する一門の有力者を追い落とし、甲斐源氏の主力として生き残っていく人物である。信光はこれ以前、方上御厨《かたかみ》に地頭職を有するなど駿河にも進出していたから、同国を拠点とする全成と競合関係にあり、その排斥をはかった可能性も考えられる。その場合、本来は駿河における源氏一門の抗争に起因する、単発的な騒動にすぎなかったことになる。

ともあれ、実際のところは、全成の「謀叛」の讒訴を受けた頼家が、それを危険視して粛清に動いたということだろう。かつての景時の一件と同様、こうした事態を前にして、若年の頼家には頼朝のような対応力はいまだ備わっていなかったことが示されているものの、この時点で、北条氏による実朝擁立計画が現実に進んでいたとは考えにくい。

重病の頼家

七月二十日の戌刻《いぬのこく》、頼家はにわかに病に倒れた。三日後には「危急」により祈禱を開始し、卜筮《ぼくぜい》を行ったところ「霊神の祟り」とされたという（七月二十三日条）。

『吾妻鏡』では、その根源を六月に伊豆・駿河で行った狩猟に求めている感がある。伊豆の狩倉に到着した頼家は、和田胤長《たねなが》に山中の大洞を探査させたところ、胤長は大蛇に出くわし、これを斬り殺したという（六月一日条）。また、駿河では富士の山麓の「人穴《ひとあな》」と呼ばれる大谷を新田忠常《にったただつね》に探索させたが、穴中で出会った「火光」の霊によって郎従《ろうじゅう》四人が死亡し、忠常自身は頼家から与えられた剣を捧げて何とか助かったという。これに「古老」の言として、浅間《せんげん》大菩薩の御在所を侵す畏《おそ》れ多い行動とのコメントが加わっている（六月三・四日条）。これらの行為によって、武家の首長たる者が狩庭《かりば》の神の領域を侵したため、その怒りを受けての大病という解釈であろうか。

ただし、胤長や忠常の探査に絡むこれらの挿話には文飾が目立ち（高橋秀樹二〇一五b）、事実の記録とは見なせない。浅間社の霊験譚など、後発的な典拠によるものだろう。

時政の暗躍？

ところで、『吾妻鏡』にはこの間、三浦義村《よしむら》が土佐国守護職に補任されたとする記事が見える（八月四日条）。これについて、重病で執務不可能な状態の頼家が自らの意思で補任できるはずはなく、比企氏排除と実朝擁立をめざす時政や政子が、三浦氏を懐柔して北条側に取り込もうとしたとする見方もあるようである（伊藤二〇一〇・二〇一八）。

しかしながら、このようにすべて「比企氏の乱」を前提とした動きとして捉えるのは強

般若波羅蜜多心経
観自在菩薩行深般若波羅蜜多時照見五
蘊皆空度一切苦厄舎利子色不異空空不異
色色即是空空即是色受想行識亦復如
是舎利子是諸法空相不生不滅不垢不浄
不増不減是故空中無色無受想行識無眼耳
鼻舌身意無色声香味触法無眼界乃至無
意識界無無明亦無無明尽乃至無老死亦
無老死尽無苦集滅道無智亦無得以無所得
故菩提薩埵依般若波羅蜜多故心無罣礙無
罣礙故無有恐怖遠離一切顛倒夢想究竟
涅槃三世諸仏依般若波羅蜜多故得阿耨
多羅三藐三菩提故知般若波羅蜜多是大
神呪是大明呪是無上呪是無等等呪能除
一切苦真実不虚故説般若波羅蜜多呪即
説呪曰
掲諦掲諦　波羅掲諦　波羅僧掲諦　菩提薩婆訶
此心経一巻為病悩祈願染愚筆謹拝書
奉納三嶋社者也
建仁三年八月十日　従二位源朝臣頼家

図23　建仁３年８月10日付源頼家自筆『般若心経』（三嶋大社所蔵）

引である。この記事の情報源と推定される同日付の義村宛の時政書状の写によれば、義村は頼家の発病以前、すでに守護に補任されていたと判断される（香宗我部文書、鎌一三七一）。つまり、『吾妻鏡』の編者がこの書状の日付にかけて、宛所の義村を補任した記事にしてしまったにすぎず、そこに時政や政子の恣意《しい》は認められない（藤本二〇二二）。

なお、頼家は発病以後、終始重篤な状態にあったわけでもないようである。三嶋大社には、頼家が病の平癒を祈願して奉納した、八月十日付の自筆の般若心経が伝わっている。すなわち、自ら病を克服する意思を見せていたこの時点で、生死の境をさまようまでの状態にあったとは考えにくい。また、京都の藤原定家《さだいえ》のもとには八月二十一日、小阿射賀御厨《こあざかのみくりや》の件に関する「左衛門督《さえもんのかみ》返事」が到来し、定家を喜ばせている（『明月記』同日条）。これらの動きからは、八月上旬から中旬にかけて、頼家はやや持ち直した時期があったと見え、少なくとも全く意思表示のできない状態ではなかった。

しかし、同月十五日の鶴岡放生会《ほうじょうえ》には参列できず、二十五日ごろには京都でも頼家の病状に関する情報が流れ始めた（『明月記』八月二十五・二十六日条）。『愚管抄《ぐかんしょう》』ではこれを「世ノ中心チノ病」（流行病）とするが、八月半ば以降、頼家の病状は明らかに深刻さを増していった。とすると、後継者の選定が現実的な問題になり、さらにその後見の立場をめぐる思惑がぶつかりあうのは、この段階に至ってからになるだろう。

注目されるのは、宇佐大宮司職の譲与申請を時政が頼家に取り次ぎ、「委《つぶさ》に聞《きこ》し食《め》す」旨の頼家の「仰せ」を八月十五日付で伝達した御教書《みぎょうしょ》の存在である（皇学館大学所蔵文書、鎌補四五〇）。頼家が不参となった放生会と同日の発給となり、頼家の機能の一部を時政が外祖父として代行した可能性があるという（森二〇一九）。

この直前、頼家はやや持ち直していた可能性もあり、「仰せ」が形式的なものかは検討を要するが、時政による御教書形式の文書発給はこれまでに例がなく、頼家の重病で外祖父時政の重要性が高まったことは認められよう。そして、頼家にもしものことがあった場合、時政がこのポジションを維持するには、後継者は実朝であることが必須となる。

八月二十七日、頼家の病状悪化により、関西三十八ヶ国の地頭職を弟千幡（実朝）に、関東二十八ヶ国の地頭職および惣守護職を長子一幡に継承させることになったという。

譲補の沙汰

ここに見える惣守護職は、頼家が頼朝から継承した「諸国の守護」を統括する地位を示すと見なされる。すなわち、鎌倉殿の根本的な機能は頼家の直系によって継承されることになった。『愚管抄』では、頼家が一幡に「皆家ヲ引ウツシ」て、「一幡御前ノ世ニ成ヌトテ、皆中ヨク」と考えていたとすることからも、鎌倉殿の地位の継承自体は、継承者の一幡がまだ六歳であることを除いて大きな問題は見受けられない。八月末に、頼家本人も同意の上で、一幡への鎌倉殿継承がいったん決まったのは事実としてよいだろう。

一方、問題があるのは、「地頭職」を関西三十八ヶ国・関東二十八ヶ国に分割して譲ったとする点である。『吾妻鏡』では、鎌倉殿継承者である一幡への継承に言及する前に、実朝に「関西三十八ヶ国地頭職」を「譲り奉」ったと記している。ここで実朝への継承を前面に出し、しかも実朝のみに「譲り奉」るという表現を用いる（一幡には「充て」たとする）のはきわめて不自然であり、結果として一幡ではなく実朝が鎌倉殿を継承し、さらに兄を超える地位に昇ったことを前提とした表現である。したがって、この部分については後世の視点が加わっていると見ざるをえない。

また、「関西三十八ヶ国」と「関東二十八ヶ国」が具体的にどのように分けられるのかも明確でなく、そもそも建仁三年の時点で「関西」という広域的な地域の呼称が存在したか、記事の通りの事実があったかどうかは検討の余地もあるという（網野一九九六）。史料的にも『吾妻鏡』以降の文献に限られる分割相続の部分は、編纂段階に知られた後世の情報の可能性もある。

さらに問題なのは、これに続く次の一節である。

ここに家督御外祖比企判官能員、潜《ひそか》に舎弟に譲補《じょうほ》する事を憤怒し、外戚の権威を募り、独歩《どっぽ》の志を挿《さしはさ》むの間、叛逆を企て、千万君ならびに彼の外家已下《いげ》を謀《はか》り奉らんと擬すと云々。

分割相続の決定に不満を抱いた能員《よしかず》が、実朝と北条氏を滅ぼそうと「叛逆」を企てたというのである。あたかも事件以前から「叛逆」が明らかであるかのようなくだりは、和田合戦の直前などにも見られるもので、結果を前提に加えられたコメントと見なされる。

一方『愚管抄』では、大病で「スデニ死ントシケル」状況になった頼家が、能員の娘との間に生まれた六歳の一幡に家を継承させることにしたが、能員が幕府を支配しようとして仕向けたのだと聞いた時政は、実朝こそが継承すべきと考えて行動を起こしたとする。

つまり、後見を必要とする幼い一幡への継承により、その外祖父能員の実権掌握に危機感を抱いた時政が、実朝擁立のクーデタを起こしたというのである。『吾妻鏡』の話とは立場が正反対だが、こちらの方が実際に即したものと考えられている。頼家の病状悪化を受けて、時政が外祖父として存在感を高めていたとすれば、一幡への継承はその立場を失うことを意味するから、時政がこれを危険視するのは当然であろう。

比企氏滅亡と頼家の退場

比企氏滅亡記事をめぐって

頼家の病状を知った諸国の御家人も駆けつける中（九月一日条）、九月二日、いわゆる「比企氏の乱」が起こる。「比企氏の乱」とは、この事件を比企氏の「謀叛」と位置づける『吾妻鏡』の立場に基づく呼称といえるが、その『吾妻鏡』で語られる事件の詳細は、『愚管抄』をはじめ他の諸史料の記すところと大きく異なっている部分もあり、その位置づけについて検討を要することは、すでに多くの研究が指摘するところである。

とはいえ、この「謀叛」の話を編纂サイドが根拠もなく全面的に創作したとは考えにくく、頭から曲筆・改竄として退けることはできない。文脈ごとに丹念に精査し、使える記述、使えない記述を吟味しながら、事件を読み解いていく必要がある。

まず、『吾妻鏡』と他史料との間で大きな矛盾がない内容として、①この日、能員が時政亭を訪れた折、時政の命を受けた天野遠景《あまのとおかげ》・新田忠常が能員を討ったこと、②これを知った比企一族が一幡の館＝小御所《こごしょ》に籠ったこと、③時政方の攻撃を受けた比企氏側の武士たちは、能員の子や婿を中心に防戦し、敗れたことが挙げられる。これらについては、この日の基本的な出来事として、おおむね事実に沿ったものと認めてよいだろう。

一方で問題なのは、『吾妻鏡』独自の記述になる詳細な描写である。この前後の日条には天候記載もほとんどなく、日記類とは異なるさまざまな典拠をもとに構成されたと考えられるから、一つ一つの展開について、他の史料とも比較しつつ入念な検証が求められる。

立ち聞きする政子

『吾妻鏡』がこの事件を比企氏の「謀叛」と位置づけるにあたって重要なポイントとなっているのが、政子の行動である。

九月二日の朝、能員が娘の若狭局《わかさのつぼね》を通して、時政追討を頼家に進言すると、驚いた頼家は能員を病床に招いて話し合い、これを承認した。ところがこの「密議」を政子が障子を隔ててこっそり聞いており、これを時政に通報すると、時政は涙を流して感謝したという。すなわち、能員が頼家と時政追討を謀議したものの、政子の行動により事前に発覚、時政はピンチを脱した、という流れである。

ここで能員は、「凡《およ》そ家督の外、地頭職を相分かつに於いては、威権を二に分け、挑争の条これを疑うべからず」「家督の世を奪わるるの事、又以て異儀なし」と伝えると、「将軍」が驚いて能員を病床に呼んだとする。ここでも「家督」の語義は同時期の用例とはいえず、また『吾妻鏡』中では鎌倉殿《かまくらどの》を単に「将軍」と表現するのは稀で、典拠とした原史料の表現の反映と見られる（坂井二〇一四b）。とすると、先の地頭職の分割とともに、『吾妻鏡』編纂段階に流布していた後世の視点になる言説に基づくと見るべきだろう。

それ以上に問題なのは、病床の頼家と能員の密談を政子がこっそり聞いていたという部分である。そもそも頼家の療養する場に政子も居合わせているという設定自体に無理があり、およそ事実とは見なせない。

ただ、どうもこの話は全くの捏造ともいえないようである。武蔵の御家人小代氏《しょうだい》が鎌倉後期に作成した置文《おきぶみ》に、「比企判官謀叛ノ時」のこととして次のような話が見える。

二位殿（政子）が時政のもとに女房を遣わし、「明日もし小御所から呼び出されても、参上なさらぬように。『鎌倉殿のお召しだといって時政を呼び出せば必ず参上するだろうから、そこで捕らえて討ち取ってしまおう』と能員が企んでいると聞いたので、用心のための御使をお送りしました」と伝えた。案の定、翌朝「小御所からのお召しである」といって能員が使者を送ってきたが、その魂胆を知っていた時政は所労と称して断ると、能員は御訪《おとぶらい》と称して自ら名越《なごえ》の時政亭にやってきた（「小代伊重置文写」）。

この置文で時政の護衛に貢献したことを強調する小代氏は、実際に時政方にあったと見られるが（小代文書、鎌一三七九）、能員が時政を討つ「謀叛」を企て、その情報を政子が事前にキャッチして時政に知らせた、という流れは『吾妻鏡』とも共通する。すなわち、北条氏に近い立場の者たちの間では、後世こうした内容が「比企判官謀叛」に関する基礎知識として知られていたと考えられる。

だが注意されるのは、小代氏は政子の通報を事件の前日の話として伝えており、その詳細が『吾妻鏡』のそれとはかなり異なる点である。このことは、比企氏滅亡に際しての政子の言動に関する所伝が、早くから多様なバージョンに分かれて伝わっており、『吾妻鏡』に取り込まれたのはその一端であったことを示す。すなわち、事件を比企氏の「謀叛」と見なし、そのキーパーソンを政子とする考え方は、鎌倉後期の段階でかなり流布していたことは認められるが、それはあくまでも後世の伝承の世界に属する話であった。

事件の推移

『吾妻鏡』では、政子の通報を受けた時政は、しばし思案すると大江広元《おおえのひろもと》亭に向かったとする。時政は広元に、能員が「将軍」の病気に乗じて「逆謀」を企てているから、先手を打って討伐すべきとして意見を求めたが、広元は兵法のことはよくわからないとして、討伐するかどうかはよく考えるよう答えるにとどまった。

その後、広元亭を出た時政は同行した天野遠景・新田忠常に能員討伐の決行を命ずると、遠景は能員を時政亭に呼び出して誅殺すべきと進言した。そこで時政亭に戻って協議が重ねられ、そこに広元も招かれた。再度の召喚に気が進まないながらも時政亭に向かった広元は、身の危険を察知してか、護衛として同行した飯富宗長《おぶむねなが》に、万一の場合は自分を討つよう伝えてこれに臨んだ。協議はかなり長時間にわたったが、宗長はその間ずっと広元の後ろに控えて睨みをきかせていた。結局、広元が時政亭を出たのは午刻《うまのこく》であったという。

この展開に関して『愚管抄』では、広元亭には以前から頼家が療養のため滞在していたとする。だとすると、時政が能員討伐の件の相談に来る前に、同じ邸内では能員が頼家と時政討伐の「密議」を行っていて、しかもそこに政子までもが居合わせていたことになり、およそ話として成り立ち難い。また、ここまでの動きがすべて午刻までに完了するというのも時間的に無理があり、午刻以降の展開に合わせて強引に詰め込んだ印象が強い。やはり、ここまでの展開は事実に立脚したものとは認め難く、編纂段階に知られていた種々の言説をまとめて構成したと考えるべきだろう。

ちなみに、広元亭での時政の発言でも、頼家を単に「将軍」と表現する点に注意すると、先の能員と頼家のやり取りとセットで伝わった同源の言説の可能性もある。いずれにせよ、このやり取りもこの日の現実の会話ではなく、能員討伐が、幕府の中枢にある広元の同意も得た「謀叛」の鎮圧であることを強調すべく、挿入されたと見られる。

さて、ここまでの〈怪しい〉話が終わると、にわかに具体的な時刻を伴う内容が見え始める。天候記載のない日条の時刻の情報は、事件に関する記録や報告、証言などに基づくと推定され、基本的な事実関係は認めてもよいが、その時刻にかかる内容がすべて信頼できるかは別の問題である。個々の情報を入念に吟味しつつ展開を追う必要がある。

まず午刻、広元が時政亭を出ると、時政は自邸で栄西《えいさい・ようさい》を導師に薬師如来像供養の仏事を修するとして、能員にも参列を求めた。この仏事には政子も参列予定だとするが、前後の動きを考えると、現実に予定・実施されたものかどうか疑わしい。能員は時政のワナだとして留めようとする周囲を制し、郎従・雑色《ぞうしき》数人を伴い、水干《すいかん》姿で名越に向かった。時政亭に到着した能員は、待ち構えていた遠景・忠常によって殺されたという。

『愚管抄』でも、能員を呼び出し、やってきたところを遠景に捕えさせ、忠常に刺殺させたとしており、能員の殺害場面については両者の情報に矛盾はない。したがってこの部分は、午刻にかかる時間帯における事実と見なしてよいだろう。なお、小代氏の伝えるところでは、能員が自ら時政亭に出向いたとする点は他の史料と異なるものの、能員がほぼ無防備の状態であったとする点は『吾妻鏡』と共通する。

『吾妻鏡』に話を戻すと、能員の死が同行した「僮僕《どうぼく》」によって知らされると、比企一族らは一幡の館＝小御所に籠り、「謀叛」に及んだので、未《ひつじ》の三刻、政子の命で追討軍が

図24　比企氏墓所（妙本寺所在）

送り込まれ、「雲霞《うんか》の如」き軍勢が攻め込んだ。比企氏側も抗戦して激戦となり、帰趨が決したのは申刻《さるのこく》、時政側にも負傷者が出る中、畠山重忠《はたけやましげただ》らの活躍により持ちこたえられなくなった比企氏側が館に火を放ち、一幡を前に自害するに至ったという。

　小御所での戦況については『愚管抄』にも詳しく、糟屋有季《かすやありすえ》の奮戦ぶりを特筆するとともに、能員の子息や縁者が討たれた旨が記されており、『吾妻鏡』の記述とも大きな隔たりはない。したがって、『吾妻鏡』の小御所での場面も、その時刻や形勢の変化については実際のもので、基本的には事件の報告や証言をもとにした記事と考えて良いだろう。

　ただし、『愚管抄』では、時政側の小御

所攻撃は一幡を討つことが目的だったと見ており、また『鎌倉年代記』裏書でも、やはり時政が「一万ならびに宗朝《むねとも》（能員の子）を誅さんと欲して、小御所に於て合戦」したとする。この点には触れずに、政子の命によって比企氏の「謀叛」を鎮圧する軍勢が派遣されたとする『吾妻鏡』の記述は、他の諸史料に共通する認識と大きく食い違っており、その戦いの位置づけ方には問題がある。

一幡の最期をめぐって

そこで、『吾妻鏡』が語る一幡の最期に注意してみよう。まず二日条では、申刻、比企氏側の武士たちが小御所に火をかけて自害した話に続けて、「若君同じく此の殃《わざわい》を免れ給わず」（吉川本ほか）と、一幡の死を示唆するような記述がある。さらに翌三日条では、「故一幡君」の遺骨を拾おうと小御所の焼跡を訪れた頼家側近の僧源性《げんしょう》が、一幡のものと思われる小袖の切れ端を見つけ、これを首にかけて高野山に向かい、奥之院に納めたというエピソードを記す。『吾妻鏡』ではそれと明言してはいないが、両日の記事の組合せにより、一幡が比企氏側の武士たちの巻き添えとなり、小御所で焼死したかのような文脈となっている。

しかし、仮に源性の行動が事実だとしても、当然ながらその日のうちに完結する話ではない。これも後代に知られたエピソードを盛り込んだものと見なされる。

一方『愚管抄』では、時政が一幡を討たせるために手勢を送り込んだものの、一幡は母親に抱かれて小御所から脱出し、小御所に残った比企氏側の者たちとの戦いになったとする。そして同年十一月三日、一幡は義時《よしとき》の手勢によって捕えられ、藤馬《とうま》なる郎等《ろうとう》に刺殺されたと記す。すなわち一幡は、いったんは難を逃れて潜伏したが、その後、義時によって捜索が続けられ、義時配下の者に殺されたという理解である。この点は『武家年代記』裏書ともおおよそ合致しており、こちらが実際を反映したものと考えられている。

ただし、『愚管抄』でも、回復した頼家が「九月二日カク一万御前ヲウツ」と聞いて激怒したとしており、京都でも当初は能員とともに一幡も討たれたとされたが、後に一幡は討たれていないと訂正されている（『猪隈関白記《いのくまかんぱくき》』九月七日条）。すなわち、事件直後には未確認ながらも（時政側はもとよりそのつもりであったが）比企氏とともに一幡も死亡したとの報告がなされ、その情報が各方面に流れたのは事実だろう。

実は『吾妻鏡』でも、良質な写本をもとにした南部本では、「わか君もおなじく此わざハひをまぬかれ給はすと云々」と訓じており、本来は確定した事実ではなく、引用・伝聞の情報であったらしい。すなわち、時刻を伴うこの部分の記述については意図的な曲筆ではなく、事件直後の段階での報告内容の反映と見なされる。だがその後、源性の逸話を挿入する一方、他の史料に見える一幡殺害の件には言及しないことから、『吾妻鏡』が真相を隠蔽し、一幡が比企氏とともに焼死したと曲筆したように取られてしまうのである。

いる。

朝廷への報告

鎌倉での騒動の情報が京都側にもたらされたのは、事件から六日目の七日朝であった。直後の公家日記には、いっせいにこの話題が載せられている。

『猪隈関白記』によれば、頼家が病により一日に「薨去《こうきょ》」したことが報告され、これに対応して、七日の夜に頼家の弟を征夷大将軍に任じたという。また先述の通り、二日に一幡と能員が討たれたという第一報も同時に入っている（『猪隈関白記』九月七日条）。『明月記《めいげつき》』の情報はさらに興味深い。頼家の死去に伴い、幕府内部で頼家の遺跡《ゆいせき》をめぐり「郎従」どうしが争い、一幡と能員が時政によって討たれ、京都でも「所従」らの「追捕《ついぶ》」が行われたという（『明月記』九月七日条）。

これらの情報は、幕府から朝廷に報告された事件の概要に基づくと見てよいだろう。だがそれゆえに、この時の幕府の動きには古くから疑念の目が向けられている。

まず危険な状態とはいえ、現実には存命している頼家が死亡したとする誤った報告が（意図的に）なされたこと、また朝廷側の対応がきわめて迅速であることから、実朝《さねとも》による鎌倉殿継承と比企氏の討伐は以前から予定されていて、使節は事件に先立って送られていた、もしくは、それに向けてあらかじめ朝廷側に根回しが行われていた、などといった考えもある。そのあたりはどう理解すればよいだろうか。

京都と鎌倉間の緊急連絡は、文治《ぶんじ》元年（一一八五）の義経追討に際して、荘園・公領を問わず必要な馬を徴発する「駅路《えきろ》の法」が臨時に行われたが（同年十一月二十九日条、南部本による）、建久年間には平時の体制として、東海道の宿々に、規模に応じて一定数の早馬と疋夫《ひっぷ》を常備する方式が導入されていた（建久五年十一月八日条）。この体制のもと、実際の移動の事例によれば、最短三日での到達が可能であった。

この点を踏まえると、事件後、三日か四日に鎌倉を発てば、七日朝の京都到着は可能である。時政が二日以前からクーデタを計画していたとしても、使者の派遣については、事件の結果を受けたものと見てよい。

一方、京都側では遅くとも八月二十五日には頼家の病状についての情報は得られていたから、その時点で頼家の死を想定した対応を準備することも不可能ではない。また、頼家の継承の際の対応の迅速さに照らしても、頼家が死去し、一幡も討たれたとの情報に接した朝廷が、臨機に対応することも十分に想定しうる展開である。基本的には水面下で根回しをしていたとまで勘ぐる必要はないだろう。

政子による「追討命令」

『明月記』によれば、頼家死去の件を除けば、事件直後の時点で知り得た情報がいちおう的確に京都に伝わっていた。そして、この時点で幕府は内部の争いにより時政が能員を討ったことを隠しておらず、事件を比企氏の

「謀叛」と主張することもしていない。

一方『吾妻鏡』では、比企氏が一幡の館に籠ったのを「謀叛」とし、「尼御台所《あまみだいどころ》の仰せ」により比企氏「追討」が行われたことになっている。この事件を比企氏の「謀叛」と位置づける上で決定的な役割を果たすのは、またしても政子である。

先に確認したように、この部分は「未の三刻」という時刻表記を受けており、事件についての記録・報告を原史料とした可能性もないわけではない。だが小御所に籠ったことをもってただちに「謀叛」と断じ、追討を命ずるという持っていき方はかなり強引である。また、いくら政子の命でも、追討命令が下ってすぐさま「雲霞の如」き軍勢が総攻撃をかけるという展開にも無理がある。先の立ち聞きの件と合わせて不自然さはぬぐえない。

小御所を攻撃した時政方の面々も、義時と泰時《やすとき》のほか、有力者層では時政の婿の平賀朝雅《ひらがともまさ》と畠山重忠、泰時の舅である三浦義村といった縁者の他は、小山氏・和田氏・土肥《どひ》氏など一部にとどまる。また、中小御家人層も時政との関係が想定されるものが目立ち、この時点での時政への協力者というべき限定的な陣容である。彼らが小御所を攻めたのが事実だとしても、「雲霞の如」き幕府軍とするには物足りない感がある。

その後の史料でも、有力御家人クラスに関してこの戦いに言及するものはわずかで、この事件での勲功を強調するような史料も、時政に頼りにされたことを語り継いだ小代氏のような、中小御家人に関わるものが見られる程度である。その点からも、この戦いが幕府を挙げての「謀叛」の追討ではなく、『愚管抄』の語るように、時政が私兵を差し向けた程度というのが実態だったと考えられる。

そうした状況を踏まえると、『吾妻鏡』以外の史料に政子の影が見えない点は軽視できない。政子が時政の行動をひとまず容認したとしても、自ら先頭に立って比企氏追討を命じたというのは、『吾妻鏡』またはその原史料によって作り出されたストーリーと見るべきだろう。だとすると、なにゆえここで政子の追討命令が必要なのかが問題になる。

決定的役割を果たす政子

実は『吾妻鏡』中では、幕府を揺るがす大事件で政子が登場し、その言動が決定的な役割を果たす頻度は高い。それらは決まって、政子周辺の人物のピンチや、正当性に問題のある場面である。

例えば二年後の元久《げんきゅう》二年（一二〇五）、父時政と後妻牧《まき》の方《かた》が、実朝を排除して娘婿の平賀朝雅を擁立する動きを見せ、逆に失脚に追い込まれるに至ったが（牧の方事件）、これは事態を察知した政子が義時と連携して、いち早く実朝の身柄確保を命じたことが決め手となった（同年閏七月十九日条）。すなわち、我が子実朝の危機であり、かつ父親と対峙することになる義時の正当性に不安がある、という状況であった。

また、承久の乱に際しては、後鳥羽《ごとば》上皇による義時追討の命令が発せられ、鎌倉に動揺が走ると、頼朝以来の御恩を強調して御家人たちに呼びかけ、一致団結に成功した（承久三年五月十九日条）。これもまさしく、自身を補佐する執権義時の危機という局面である。

さらには元仁元年（一二二四）の義時没後、後妻の伊賀局《いがのつぼね》が自らの生んだ政村《まさむら》の擁立をはかったとされる伊賀氏の変では、政村の支援者と目された三浦義村を説得して取込み（同年七月十七日条）、伊賀氏を排除して泰時主導の体制を決定づけている。これも義時の後継者として自らが推す泰時のピンチに他ならない。

このように、頼朝没後、特に自身に近い北条氏の人物の正当性に関わる重要な局面において、強烈なインパクトを放ちながら登場し、決定的な役割を果たすのが『吾妻鏡』における政子であった。こうした劇的なシーンの数々を見ると、実際の関わり方の範疇を大きく超えて扱われていると見ざるを得ないだろう。

たびたび触れてきたように、政子については、没後さほど時間を経ずに伝説化が進んだと見られ、事実に立脚したとは見なし難いエピソードも多い。『吾妻鏡』中の政子の役割は、将軍の行動をチェックして権力を削ぐ一方、北条氏の後継候補を引き立てるものであったという。その方向性で語られる政子の言動は、伝説化した言説が取り込まれたものでもあり、実在の政子の姿そのものとはいえない点には注意が必要である（黒嶋二〇一四）。

その点を念頭に、比企氏「追討」ストーリーにおける政子の役割を考えてみよう。

「追討命令」の意味

そもそも、この時点で鎌倉殿の正統な後継者は一幡であった。時政側に能員を討たれた比企氏側の行動は、正統な後継者の身柄を確保することで正当性を主張する意味を持つ。本来ならば、これを排さんとする時政側のクーデタこそが「謀叛」ということになる。

そこで注意されるのは、『吾妻鏡』では一幡の居所について、わざわざ「小御所と号す」と、これを認めない立場と取れる注記が付されている点である。すなわち、比企氏側の行動を「謀叛」と位置づけるにあたり、一幡が鎌倉殿の正統な後継者でないという前提が立てられている。そこに政子が鎌倉殿の家の家長として、鎌倉殿の後継者と「号す」る者を担いだ「謀叛」の鎮圧を命ずる形を加えることで、その立場は完全に逆転するのである。とすると、ここでの政子の行動の描写も、「謀叛」を察知し、「追討」を命ずる形を取ることで、時政のクーデタに正当性を付与する意味を持ったといえるだろう。

ただし先述のように、この事件を比企氏の「謀叛」と位置づけ、政子が決定的な役割を果たしたとする言説は、鎌倉後期にはすでに『吾妻鏡』と異なるバージョンでも伝えられていた。政子による「追討命令」も、『吾妻鏡』編者による完全な創作、捏造ではなく、北条氏に近い人々の間に伝わっていた、比企氏「謀叛」のストーリーを基礎に組み立てられた可能性が高い。一幡の居所を「小御所」とは認めずに「小御所と号す」と注記するのも、そうした立場の認識であることを物語っていよう。

比企氏関係者の一掃

事件の翌日以降、能員につながる者たちの処分が行われ、多くが流罪や死罪などに処せられたという。まずは能員の妻妾と遺児が「好《よしみ》」のある和《わ》田義盛《だよしもり》に預けられ、安房に送られた（九月三日条）。続いて頼家近習《きんじゅう》の小《お》笠原長経《がさわらながつね》・中野能成《よしなり》・細野兵衛尉《ひょうえのじょう》が、能員と親密な関係にあり、小御所の合戦でも能員の子たちと行動をともにしたとして拘禁された。また、比企氏の縁者であった島津忠久《しまづただひさ》が大隅・薩摩・日向の守護職を収公され、さらには頼家の蹴鞠《けまり》仲間であった加賀房義印《ぎいん》が、時政のもとに投降したとする（九月四日条）。

拘禁された近習たちは、能員の「残党」として所領を没収され（九月十九日条）、遠流《おんる》に処されることになったという（十一月七日条）。その後、長経・能成は承久の乱後まで『吾妻鏡』上に姿を見せないことから、彼らが鎌倉殿の周辺から遠ざかったのは確かだろう。

だがよく知られるように、能成については、『吾妻鏡』で拘禁されたとするのと同日付で時政から「本所《ほんじょ》」を安堵《あんど》され（市河文書、鎌一三七八）、その後、「能員の非法に依り、安堵し難き」との主張が認められて地頭職も安堵されており（同、鎌一三八一）、『吾妻鏡』での処分と矛盾する。「能員残党中野五郎義成以下」（九月十九日条）や「入道左金吾近習の輩中野五郎以下」（十一月七日条）という表現には、個人名が付け加えられた感もあり、また小御所の合戦に言及したいずれの史料にも、長経や能成らが比企氏側として直接参加した事実が認められないことからも、頼家の側近に連坐者があったのは事実だとしても、『吾妻鏡』の頼家近習の処分に関する記事には疑念がある。

先述のように、能成は能員と親しかったものの、同時に時政の被官的立場も併有していたことから比企氏側には直接与しておらず、ゆえに時政の判断で助命されたのだろう。近習でも祖父義盛が時政についた和田朝盛は追及を受けた形跡がなく、頼家周辺の人物がそのまま比企氏余党として軒並み排除されたわけではない。また、縁者でも母が比企氏出身ながら政子にも近い安達景盛《あだちかげもり》は無傷であった。そもそも時政側がクーデタによって主導権を得ている以上、その立場から反対派と断じた者を排除したにすぎない。

とはいえ、関係者の追及がかなり広範に行われたのは相違なく、忠久の弟忠季を含め、比企氏の「謀叛」に関わったと見られる北陸の縁者にも累が及んだことは先述の通りである。さらに能員殺害の報が京都に届くと、京都でも「追捕」が行われたという（『明月記』九月七日条）。比企氏に連なる者たちが次々と排除されたことで、東山・北陸道や南関東、さらには京都方面へと展開した比企氏のネットワークは壊滅する。

頼家の退場

一時は危篤に陥り、その「薨去」も報告された頼家だったが、間もなく奇跡的に回復した。ところが、事態は想定外の方向に進んでおり、一幡や能員が討たれたと知った頼家は激しく憤った。この点は『吾妻鏡』と『愚管抄』ともに一致するが、頼家の出家のタイミングをはじめ、詳細部分の情報はかなり異なる。

『吾妻鏡』では九月五日、回復した頼家が一幡と能員の滅亡を知り激怒、和田義盛・新田忠常に時政誅伐の密命を下したとする。この段階でも頼家は、能員と「好」の関係にあった義盛を信頼していたが、すでに時政側にあった義盛は熟慮のすえ頼家の「御書」を時政に提出し、使者となった堀親家《ちかいえ》は時政側に殺されたという設定である。

一方、忠常は翌六日の夕刻、時政から「能員追討の賞」を行うとして呼び出された。ところが忠常がなかなか退出しなかったため、時政に密命を知られて殺されたものと早合点した弟たちが、義時がいた政子の大御所を襲撃し、返り討ちにあった。実際には何事もなく時政邸から退出した忠常は帰途それを知り、御所に向かったところを加藤景廉《かげかど》に討たれたという。要するに、忠常一族は勘違いにより暴走、自滅した格好である。

これに対して『愚管抄』では、義盛に関する言及はなく、時政の命で能員を討ったものの、ここまでの結果になるとは思っていなかった忠常が、御所の侍で義時と二人になったところで「ヨキタ、カイ」をして討たれたとする。具体的な情景を想定しにくい部分もあるが、忠常は義時に討たれたという認識になっている。この状況で頼家が時政誅伐の密命を発し得たかも疑問だが、さしあたり事実と見てよいのは、乳母父として一幡に近い位置にあった忠常の一族も滅亡し、それには義時が絡んでいたということだろう。

その後、『吾妻鏡』では七日の亥刻《いのこく》、頼家が政子の「計らい仰せ」により出家すると、時政・広元の協議により鎌倉退去が決定し（九月二十一日条）、二十九日の巳刻、伊豆修禅《しゅぜん》寺《じ》への下向となる（同日条）。比企氏滅亡前後の記事とは打って変わって、これらの記事にはすべて天候・時刻の記載があり、日記類に基づく事実である可能性は高い。

ここで政子の「計らい仰せ」に至ったのは、頼家の「御病悩の上は、家門《かもん》を治め給う事、始終尤《もっと》も危うき」（南部本による）という事情による。すなわち、鎌倉殿の「家門」に関する機能が果たせないと判断される状況が生じた場合、家長たる政子の「計らい」とする形が登場したもので、実朝の幼少期につながる対応として興味深い。

だが『愚管抄』では頼家の出家を「八月晦日ニカウ（二更＝亥刻）」として、その後の顚末はすべて出家後のこととして記す。回復した頼家が事態を知って激怒したのを政子がすがりついて止め、修禅寺に移したのも九月十日のこととしており、事実関係は『吾妻鏡』とも重なる動向について、そのタイミングに複数のズレがある点は気にかかる。藤原定家自筆の『公卿補任』（冷泉家時雨亭文庫蔵）も九月七日の出家とするから、基本的には

『吾妻鏡』の情報が適切で、当初、「薨去」とされた頼家の状況について、京都に伝わった情報が錯綜していた可能性もあるが、いずれにせよ出家した頼家が修禅寺に送られた事実は動かない。

修禅寺に移された頼家は、近習たちの参入も許されず、また鎌倉との音信も認められずに「深山幽棲」の日々を送ったが、翌元久元年七月十八日、二十三歳でその生涯を閉じた（同年七月十九日条）。『吾妻鏡』はその詳細を語らないが、京都側の同時代史料にも関連す

図25　源頼家墓（修禅寺所在，フォトライブラリー提供）

る情報は見えず、ひっそりとこの世を去っていてもおかしくはない。

しかし後の史書や年代記では、ほぼ共通して修禅寺の浴室で襲撃を受けて殺されたとしている（『鎌倉大日記』ほか）。そのうちでも特に同時代に近い『愚管抄』は、その死が壮絶であったことを聞き伝えている。「イミジクタケ」かった頼家は激しく抵抗したため、刺客もすぐには追い詰めることができず、首にひもをくくりつけ、さらに急所をつかむなどして取り押さえ、ようやく刺し殺したのだという。

刺客を送り込んだ主体は時政または義時とするものが多いが、その場合、史料上に頼家に関する情報が見えないこの間に、頼家の存在が問題となる状況が生じていたことになる。そこで注意されるのは、頼家死去の直後、頼家の御家人たちが謀叛を企てているとして、義時が金窪行親《かなくぼゆきちか》らに討滅させた事件が起きていることである（同年七月二十四日条）。

時政が「政所《まんどころ》」別当となった直後、武蔵国の諸家の者たちに時政に対し「ふたごころ」を持たぬよう仰せ含めたように（建仁三年十月二十七日条）、当初は時政中心の政権に反発する勢力も一定程度存在しており、軽視できない不安材料であったことが窺える。事件はこうした状況の中で、頼家の死を受けて、頼家を支持する反対派を一掃する挙に出たものといえるが、そうした勢力の動きを封じ、実朝の政権を安定させるためには、頼家に手をかけることも辞さない、ということであったのかもしれない。

血統を継ぐもの――エピローグ

実朝の鎌倉殿継承

源《みなもとの》頼家《よりいえ》が他界し、長子一幡《いちまん》も外祖父比企能員《ひきよしかず》とともに討たれたとの報を受けた朝廷の対応は、きわめて迅速であった。

幕府は、頼家の弟の「童」に「家」の継承を命ずる宣旨を申請したが、それを受けた朝廷は、その子を「将軍」に任ずる宣旨を下した（『明月記』建仁三年九月七日・八日条）。そして、十二歳の「童」を「将軍」に任ずるにあたり、後鳥羽《ごとば》上皇が自ら「実朝《さねとも》」と名づけている（『猪隈関白記《いのくまかんぱくき》』同年九月七日条）。この時点で元服前の「童」に地位を与えるため、朝廷側が成人している体で扱うという手段を取ったのである。

頼朝《よりとも》が死去した時、朝廷は頼家の中将任官はその情報が入る前に行われたという建前で継承を急いだが、それと同様、当初「薨去《こうきょ》」とされた頼家の跡の継承も、変則的な手続きも交えながら即日対応にあたっている。朝廷としては、可能な限り円滑に継承を進め、「諸国の守護」の体制に空白を作らないことを第一に優先したのだろう。

ところで、実朝期を扱う実朝将軍記は、九月十五日、その宣旨《せんじ》が鎌倉に到来したところから書き起こされている。この形は頼家将軍記の始まりと共通するが、頼家の場合、すぐに吉書始《きっしょはじめ》を行って政権を始動したのに対し、宣旨到来後も「若君」＝童のままだった実朝は、十月八日にようやく元服《げんぷく》を遂げ、翌九日に「政所」の吉書始が行われるに至った。その間、一ヶ月近くの空白があったことになる。

実朝の立場

実朝の鎌倉殿継承については、朝廷側が頼家の時と同様これを急いだと見られる反面、幕府側の動きは鈍い。元服の日取りの問題や、現実問題として、比企氏関係者や回復した頼家、さらに生存が発覚した一幡への対応などを抱え、困難を伴ったことは想像に難くないが、それのみならず、政権中枢部にも何らかの問題が生じていた可能性も考えられる。

宣旨の到来に先立つ九月十日、幕府では「千幡君《せんまん》を吹挙し、将軍に立て奉られ」たのを受けた評議を経て、実朝が政子亭から時政亭に移った。ところが時政《ときまさ》の妻牧《まき》の方《かた》の動きを警戒した阿波局《あわのつぼね》の通報により、政子《まさこ》は義時《よしとき》らを遣わして実朝を時政から引き離し、成長するまで自分のもとで養育することとしたという（九月十五日条〈頼家将軍記〉）。

ここでも阿波局のセリフは、「咲《えみ》の中に害心を挿《さしはさ》む の間、傅母《ふぼ》に恃《たの》み難し。定めて勝事出来するか」と、二年後の牧の方事件を予見するような内容で、政子もすでにお見通しであるかの如く答えるなど、例によって信を置くことはできない。それでも、時政や政子の周辺で、後見をめぐる考え方などに相違があり、実朝による継承にスムーズさを欠かざるを得ない状況が生じていた可能性を読み取ることはできるだろう。

また、十月九日の吉書始と同日、鎧《よろい》着《き》初《ぞめ》・乗《じょう》馬《ば》始《はじめ》と弓始《ゆみはじめ》がたて続けに行われたが、頼家は元服前の七、八歳の時にこれらを済ませている。摂家将軍の藤原頼嗣《よりつぐ》も着甲始は八歳で実施したが、すでに元服して将軍になっており、「密々」の儀として行われた。すなわち、これらは若君の段階で、その成長に合わせて行われるべきものであったと見られる。

その場合、実朝のケースは、本来実施すべき年齢の時に行われていなかったものが、元服に際し、後追いの形でまとめて行われたと解される。頼朝生前の構想として、鎌倉殿の地位は嫡子頼家の子孫に継承させる方向にあり、実朝はその構想から外れていたとする考えのあることを参考にすると（坂井二〇二一）、このようなドタバタ感は、実朝が本来、鎌倉殿の継承を視野に養育されていなかったことの表れとも取れる。

とすると、クーデタにより擁立された庶子の実朝自体、当初は鎌倉殿継承者としての正統性が不十分と見なされていた可能性も想定しうる。時政は実朝による継承を申請した際、

「関東無主《かんとうむしゅ》」を理由にしたというが（『一代要記』）、事実であれば、実朝が「関東無主」の事態になって初めて浮上する存在であること、すなわち、本来的には正統な継承者たりえないことを時政らも自覚していたことになる。その場合、頼家の死去という虚偽（あるいはその前提）の報告も、「関東無主」を演出する上で不可欠であったといえる。

その点に注意すると、継承直後の政務運営のあり方は目を引くところがある。例えば、この年の十一月には、代始《だいはじめ》の「善政」として、関東御分国《かんとうごぶんこく》と相模・伊豆の諸国の百姓に対して年貢の減免が行われたという（同年十一月十九日条）。新政権の始動に際し、ことさらに代始の徳政《とくせい》を強調するのは、実朝初期に頼朝の例を強調した記事が多出することと並んで、正統性の面での不安を克服する手立てと見れなくもない。

その一方で、十二月以降、尼御台所《あまみだいどころ》＝政子の計らいによる決定も目立つようになるが、これは「将軍家御幼稚」による措置であった（元久二年七月八日条）。先述のように、「尼御台所の御計らい」となる案件の範囲は限定的で、すべての実権を政子が掌握したわけではない。とはいえ、実朝の幼少期に「尼御台所の御計らい」とされた内容は、主従関係の基礎となる恩賞の給与（同右）や、武家の首長を象徴する芸能たる狩猟に関する禁制《きんぜい》（建仁三年十二月十五日条）など、鎌倉殿としての根幹に関わるものが含まれる。そうした部分が政子の代行とされた点で、実朝の鎌倉殿としての地位は不完全だったといえよう。

そこで関心が向くのは、鎌倉殿《かまくらどの》の嫡流の血を引く頼家の子たちの扱いである。

頼家の遺児たち

『尊卑分脈《そんぴぶんみゃく》』には、頼家の子女として、一幡のほかに公暁《こうぎょう》《くぎょう》・栄実《えいじつ》《ようじつ》（千寿《せんじゅ》）・禅暁《ぜんぎょう》、および女子（竹御所《たけのごしょ》、将軍藤原頼経の室）が挙げられているが、彼らの母についての情報は史料によって異なり、また特に『吾妻鏡《あずまかがみ》』上では、頼家生前における妻子に関する情報が極端に少なく、その人間関係はわかりづらい。だが興味深いことに、実朝期、頼家の没後になって、その妻子に関する記事が散見するようになる。

それらの記事について第一に注目されるのは、頼家の子たちが『吾妻鏡』に登場する場合、多くはその背後に祖母政子の姿がある点である。

例えば、元久《げんきゅう》二年（一二〇五）、善哉《ぜんさい》（公暁）が政子の計らいにより鶴岡別当尊暁《そんぎょう》の門弟となるが（同年十二月二日条）、その後も政子亭で着袴《ちゃっこ》の儀が執り行われたり（建永元年六月十六日条）、政子の命で実朝の猶子《ゆうし》となるなど（同年十月二十日条）、政子の後見のもとで成長している。さらに出家後は園城寺《おんじょうじ》で修行を積んでいたところ、政子の命により鶴岡別当として呼び戻されている（建保五年六月二十日条）。また、別の子息（栄実）も政子の計らいによって出家し（建保元年十一月十日条）、姫君（後の竹御所）は政子の命で実朝御台所の猶子となっている（建保四年三月五日条）。

図26　源頼家子女系図

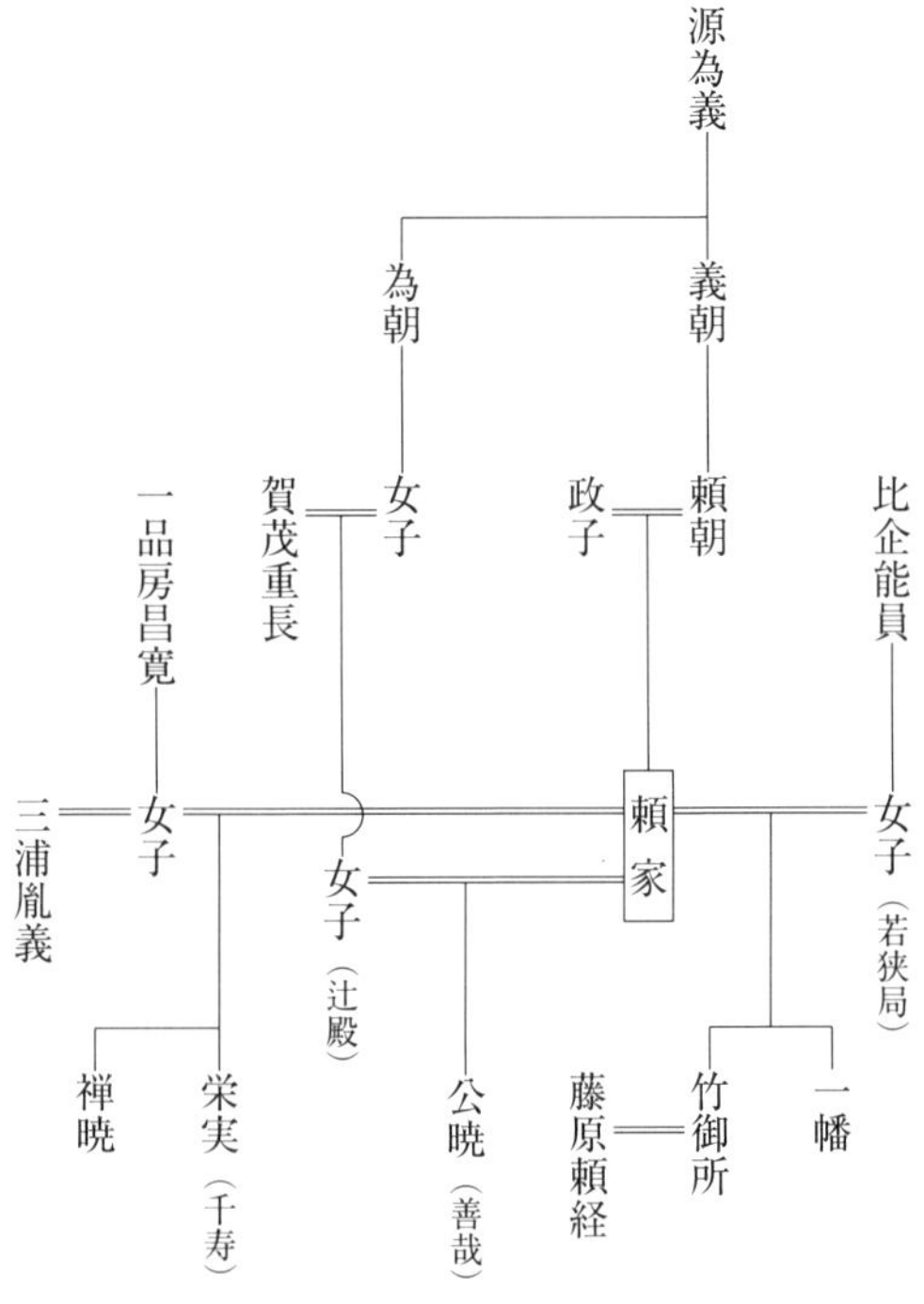

すなわち、頼家の没後、その子女は祖母政子の庇護下に置かれ、政子の「計らい」によって処遇されていた。この状況は、実朝が嫡流である頼家の後継者とは位置づけられていなかったことを示すともいうが（黒嶋二〇一四）、その場合、政子にとって頼朝の血を継ぐ

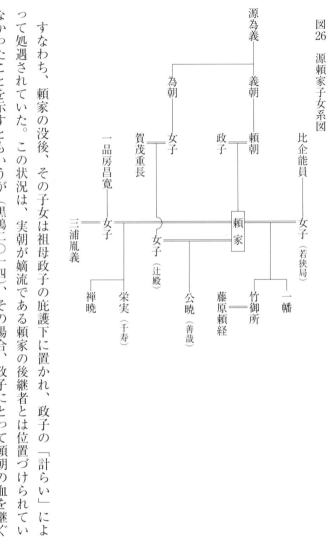

べき正統は、嫡子頼家の子たちという認識だったことになる。

その点を踏まえると、頼家の子女が、政子の「計らい」によって実朝の猶子となっている点は重要である。鎌倉殿継承者として血統的な弱点を抱える実朝にとって、彼らを猶子とすることはその正統性を補強し、正統の血を将来に伝えることにもつながるのである。あるいは、その時点では鎌倉殿の継承も視野に含まれた可能性もないとはいえない。

第二に、幕府を揺るがす大事件に際して、頼家の子たちが話題にのぼるケースが少なくない点も注意される。

例えば建保《けんぽう》元年（一二一三）五月の和田合戦に先立ち、二月に発覚した泉親平《ちかひら》を中心とする謀叛計画は、「故左衛門督殿若君」を大将軍として、北条義時に対抗しようとするものであったという（同年二月十六日条）。和田合戦についても、頼家の二男千寿（栄実）の擁立をはかったとする認識もあったが（『武家年代記』裏書）、実際に挙兵した義盛軍は義時亭のほか実朝の御所や大江広元亭も襲っており、当時の幕府の体制そのものを変えようとする性格も持っていた（高橋秀樹二〇一六）。翌年には、京都で義盛の残党が栄実を擁した謀叛を企てて討伐され、栄実も自殺する事件が起きている（建保二年十一月二十五日条）。

泉親平らの謀叛計画に関与した武士は広範囲に及んだが、特に信濃の者が多く、また能員と「好《よしみ》」の関係にあった義盛の関係者や、能員の舅であった渋河氏など、かつての比企氏のネットワークと重なる部分が大きい（石井一九九〇）。こうした勢力が背後にあったことに注意すると、展開によっては頼家の子の擁立がはかられる事態もあり得ただろう。

彼らが正当性の根拠としてかつぎ出そうとしたのが、頼家の遺児たちであったことは軽視できない。頼家亡き後、源氏嫡流の血統を受け継ぐ正統として、潜在的にはなお一定の影響力を保っていたのである。同時にそれは、幕府にとって危険分子でもあった。

頼家の子たちが絡む出来事の最たるものが、公暁による実朝暗殺事件であろう。

公暁の行動

公暁は、『尊卑分脈』では一幡の同母弟とするが、『吾妻鏡』では母は三河源氏の賀茂重長《かもしげなが》の娘、母方の祖父は頼朝の叔父為朝《ためとも》としており、こちらが妥当と考えられている。公暁の幼名を善哉とする『吾妻鏡』に従えば（『尊卑分脈』は禅暁の幼名とする）、両親ともに源氏一門の血を引く彼女は頼家の室とされ、辻殿《つじどの》と称された（承元四年七月八日条）。善哉の鶴岡神拝《しんぱい》は史料上では長子一幡に先行しており（建仁二年十一月二十二日条）、実朝の猶子となったことと合わせて、その立場を考える上で興味深い。

政子の命により鶴岡別当として鎌倉に戻った公暁は、別当職補任後初めての神拝を行うと、宿願によりその日から一千日の参籠を始めた（建保五年十月十一日条）。参籠中は除髪もせずに、いくつもの祈請《きしょう》を行っていたというが（建保六年十二月五日条）、この行動は、

「ヲヤノ敵」と考えていた実朝を調伏《ちょうぶく》したものと考えられている。

承久《じょうきゅう》元年（一二一九）正月二十七日、右大臣となった実朝が、鶴岡八幡宮《つるがおかはちまんぐう》で京都から下向した公卿・殿上人らを伴って拝賀を行った。神拝を終えて退出しようとした実朝を、突然襲いかかってきた公暁が斬り倒して首を取り、さらに数人の仲間の僧が源仲章《なかあきら》を北条義時と誤って殺害した。公暁はこの時「ヲヤノ敵ハカクウツゾ」と叫んだといい、「日ゴロヲモイモチテ」いた「本意ヲトゲ」たものであった（『愚管抄』）。

『愚管抄』ではさらに、実朝を殺害し、義時も討ったつもりでいた公暁は、現場から立ち去ると「ワレカクシツ、今ハ我コソハ大将軍ヨ、ソレヘユカン」と「一ノ郎等《ろうとう》トヲボシキ」三浦義村《みうらよしむら》に伝えさせたとする。『吾妻鏡』でも、公暁が乳母子《めのとご》の源太兵衛尉なる者を義村のもとに遣わし、「今将軍の闕《けつ》有り、吾《われ》専ら東関の長に当たるなり、早く計議を廻らすべきの由、示し合わさる」としている。公暁が実朝と義時を討ち、「将軍の闕」に乗じて自身が鎌倉殿になろうとしたこと、その際、「一ノ郎等」と考えていた義村に補佐を求めようとしたことは、趣旨としては共通しており、おおよそ事実と見てよい。まずは門弟駒若丸《こまわかまる》（後の光村）の父として「好」があったという義村に、かつて時政が「関東無主」を理由に実朝の継承を朝廷に申請したのと同様の対応を期待したのだろう。

しかし、思い込みによるところも大きい公暁の行動は、計画性のない単独犯行だったようで、幕府運営の中枢にあって政子・義時らと連帯していた義村も全く支持しなかった。義村は公暁の言動について義時に通報するとともに、自邸に向かっているという公暁に討手を差し向けて討ち取らせた。公暁の野望はあえなく散ったのである。

頼家の子女と三浦氏

その直後の閏二月、仁和寺《にんなじ》にいた頼家の子禅暁が鎌倉に下向した。実朝の後継となるべき後鳥羽上皇の皇子の下向に関する交渉のため、政子の命で上洛していた二階堂行光《にかいどうゆきみつ》に伴われたとされており（『光台院御室伝《こうだいいんおむろでん》』）、これも政子の意向を受けたものと見られる。ところが禅暁は翌年四月、京都東山の辺にて誅されたという（『仁和寺日次記《ひなみき》』）。

この間、上皇の皇子の下向が拒否された結果、鎌倉殿後継者に摂関家から三寅《みとら》（藤原頼経）が迎えられた。それとほぼ時を同じくして、京都では源氏一門の有力武士源頼茂《よりもち》（頼政の孫）が追討を受け、大内裏に放火して自殺する事件が起こった（承久元年七月二十五日条）。頼茂は「我将軍ニナラン」と表明したとされており（『愚管抄』）、摂関家からの鎌倉殿継承に反発したと見られる。これより先、上皇の皇子の下向がめざされていた段階にも、阿野全成《あのぜんじょう》の子時元《ときもと》が駿河で蜂起して討たれる事件が起こっており（承久元年二月十五日・二十三日条）、ここにきて鎌倉殿後継者への道が断たれた源氏一門の人物の受難が続いている。

禅暁の誅殺事件も、こうした動きの延長上にあったと考えられる。三寅が後継者に決定した以上、それが本人の意志によるか否かを問わず、これに絡んでくる可能性をはらむ源氏一門の男子の存在は、かえって危険視されたのだろう。

ところで、この禅暁（または栄実）の母は、頼朝の右筆《ゆうひつ》であった一品房昌寛《いっぽんぼうしょうかん》の娘とされるが、彼女は頼家に先立たれた後、義村の弟胤義《たねよし》に再嫁していた。検非違使として在京した胤義は承久の乱で京方についているが、それには彼女の境遇も絡んでいたらしい。胤義の妻はもともと頼家の「御台所」として若君を儲けていたが、頼家は時政によって亡き者にされ、若君も義時に殺された。胤義と結ばれた後も「日夜ニ袖ヲ絞ル」状況だったのだという（『承久記』慈光寺本、上）。承久の乱の背後にも、頼家の妻子に関わる問題が影を落としていたと見る考えがあったことは興味深い。

同時に、頼家を失った「御台所」の再嫁先が、三浦一族の胤義であった点も注目される。というのも、兄義村は修禅寺《しゆぜんじ》に移された頼家のもとに使者として派遣され、頼家の「御閑居の体」を政子に報告しており（建仁三年十一月六日・十日条）、修禅寺幽閉後の頼家にも何らかの形で関わった可能性があるが、没後にはその子たちとのつながりも見て取れる。

義村自身、善哉の乳母父《めのと》ともいわれたが（建永元年十月二十日条）、子の光村は幼少期に公暁の門弟になっていた（承久元年正月二十七日条）。また、後述する頼家の娘竹御所《たけのごしよ》も義村の招きで三浦三崎津を訪れ（寛喜元年二月二十日条）、新車始の訪問先には義村宅が選ばれたり（寛喜三年七月九日条）、義村自身も竹御所のもとに出入りするなど（同年九月二十七日条）、彼女の動向には三浦氏が関わる事例が多く、やはり結びつきは強かったようである。

こうした状況から、頼家の子女の保護・養育に努めた政子とともに、彼らに支援の手を差しのべていたのが三浦氏であったことが窺える。頼家の「御台所」も、頼家を失った後、三浦氏の支援を受けていた事情から、やがて胤義に再嫁するに至ったのだろう。鎌倉殿たる実朝や頼経への奉公と並行して、頼朝の正統を継承する頼家の子女に対しても、政子と歩調を合わせ、その存在を重んじて支える姿勢を見せていたのが三浦氏であった。

頼家の子女の中でも存在感が際立つのが、藤原頼経《よりつね》の室となる竹御所である。

竹御所の存在感

『尊卑分脈』では母は「木曽義仲女」とするが、その居所であった竹御所や、没後造営された墳墓堂（比企谷新釈迦堂）の所在地など、彼女に関する情報を総合すると、実際の出自は比企氏であることが確実視されており、母は一幡と同じ若狭局と見られる（野口一九九二、高橋慎一朗二〇一六ａ）。その誕生から成長の過程は不明だが、その後の関係の深さから見て、彼女も祖母政子の保護のもとに育ったと見てよい。

竹御所の史料上の初見は、先述の建保四年、十四歳の時に政子の命で実朝御台所の猶子となり、御所に入ったというものである（同年三月五日条）。子のない実朝夫妻に後継者問題がついてまわる中、竹御所をその猶子としたのには、実朝の後継者となるべき人物を彼女の婿とすることで、その正統性を補強し、源氏将軍家の血統をつなぐことがめざされたという事情によると考えられる（五味二〇一五）。

それが現実のものとなったのは、彼女が二十八歳になった寛喜《かんぎ》二年（一二三〇）、十三歳の頼経との婚姻である（同年十二月九日条）。摂関家出身の頼経は、元服に際して頼朝・頼家の「頼」字を引き継ぎ、源姓への改姓も検討されたように、鎌倉殿としての正統性への危惧から、それを補うための種々の措置が施されたと見られる（山本幸司二〇〇一）。そうした中で、まさに源氏将軍の正統の血を継ぐ竹御所が補完的な役割を果たし、両者がセットで鎌倉殿の役割を果たしたと評価されている（野口一九九二、金二〇〇一）。

そうした位置づけは、特に彼女独自の動向に顕著に表れている。『吾妻鏡』中に竹御所が頻出するようになるのは、頼経との婚姻以前、嘉禄《かろく》元年（一二二五）七月に政子が六十九歳で死去してからである。政子の「葬家御仏事」は竹御所主宰のもとに執り行われ（同年八月二十七日条）、その後の政子追善の仏事にも、竹御所が主体的に関わっていた（嘉禄二年七月十一日条ほか）。また、実朝が「君恩父徳《くんおんふとく》」に報いるために造営した大慈寺《だいじじ》の舎利《しゃり》会《え》にも、生前の政子を継承する形で参堂している（同年三月十八日条）。

加えて、竹御所は貞永《じょうえい》元年（一二三二）、大慈寺に父頼家追善のための堂舎を建立している（同年七月二十七日条ほか）。それまで、伊豆で没した頼家を供養する寺堂は鎌倉に営まれておらず、基本的には修禅寺がその役割を果たしたと見られるが、源氏将軍の血統の継承者たる娘の手によって、鎌倉にも供養の場が設けられるに至ったのである。

このように、政子亡き後、それまで政子が担ってきた源氏将軍家＝頼朝の家にかかる追善、先祖祭祀を継承したのは、頼朝・政子からの直系の血統を継ぐ竹御所であった。祖母である政子の喪に一年間服し、子に準ずる立場ともいえる竹御所が（嘉禄二年六月二十日条）、まさに政子の継承者であったことが示されている。

その点は、嘉禄・安貞《あんてい》年間に相次いだ伊豆走湯山《そうとうさん》の焼失に際し、その再建を担った主体が、鎌倉殿である頼経ではなく、竹御所であったことにも表れている（阿部二〇一一）。過去の焼失時には、頼朝（建久八年）と政子（承久元年）がそれぞれ復興を担っていたから、ここでの竹御所の立場は、まさに頼朝と政子の継承者に他ならない。

頼経の御台所となると、頼経の外出に同行する機会も増加するが、それには鶴岡八幡宮や勝長寿院《しょうちょうじゅいん》、永福寺《ようふくじ》といった源氏将軍によって造営、権威づけがなされた信仰の場が目立つ。また、婚姻前後を通じて竹御所独自の鶴岡参宮や二所《にしょ》奉幣使派遣、あるいは方違《かたたがえ》の事例もたびたび見られる。こうした源氏将軍以来の鎌倉殿固有の宗教的行為を一部担うというあり方にも、正統の継承者としての立場が見えており、このような部分から、摂家将軍の頼経を補完する役割を果たしたといえるだろう。

こうした立ち位置にあった竹御所は、源氏将軍の血を受け継ぐ最後の人物として、鎌倉中期の御家人社会におけるカリスマ的存在であったと目されている。先述のように、竹御所のもとには三浦義村も出入りしていたが、義村と同様な「伺候《しこう》の男女」も複数おり、幕府草創期以来の御家人たちや、源氏将軍家に連なる女房たちの拠り所として、サロンのような性質を持っていたとも考えられている（小野二〇一四）。

竹御所の周囲に仕えた人々には、政子生前の側近やその縁者の姿も目立つことから、政子の人間関係も継承されたと見られるが（野口一九九二）、北条氏でも頼家の側近に仕えた時房《ときふさ》は特に関わりが深く、父頼家ゆかりの人間関係も引き継がれたようである。頼朝・政子および頼家以来の人的なつながりが、世代を越えて維持されたといえよう。

正統の断絶

文暦《ぶんりゃく》元年（一二三四）三月、懐妊が明らかになった竹御所の着帯《ちゃくたい》の儀が行われた。頼朝・頼家時代から源氏将軍家に深く関わってきた人々にとって、まさに源氏将軍家の正統の血筋の復活にもつながる、跡継ぎの誕生への期待が大きかったことは想像に難くない。しかし、七月二十六日に産気づいて産所の時房亭に移った竹御所は、翌二十七日の寅刻《とらのこく》に男子を死産すると、間もなく自らの容態も急変、同日辰刻《たつのこく》に他界した。

竹御所の死は大きな動揺をもたらし、その訃報が京都に伝わるや、在京の武士はことごとく馳せ下ったという（『百練抄』八月二日条）。その直後には後堀河《ごほりかわ》上皇も没するが、六《ろく》波羅《はら》の北条重時《しげとき》以下、しかるべき武士たちが東下して「京中無人」の状況にあり、治安の悪化も懸念されたという（『明月記』八月六日条）。京都にあって朝廷を守護し、洛中の治安を維持すべき在京の御家人たちにも、まさに「いざ鎌倉」の一大事であった。

その鎌倉では、多くの侍・女房らが出家する事態となり、京都には葬送の参加者に加え、出家者の名までも列挙した交名《きょうみょう》がもたらされている（『明月記』八月二十六日条）。

摂家将軍の時代となり、北条氏を中心に幕府が運営される中、頼朝からの正統を受け継ぐ頼家の血筋の内面的・精神的な影響力は、後世の人々が考えるよりも、はるかに大きかったようである。その意味では、決して過去の存在として忘れ去られていたわけではなかった。そして、その血統を伝える最後の人物である竹御所の死は、頼朝から続く源氏将軍の血筋の完全な断絶を意味した。この事態に直面した鎌倉武士たちが受けた衝撃の大きさは、当時の幕府を「執権政治」の時代として、北条氏中心に見る視点が定着した後世の感覚からは、とても想像の及ぶところではない。

あとがき

本書は、一般に「暗君《あんくん》」のイメージが強い二代目鎌倉殿、源頼家について、鎌倉殿としての取り組みの再評価を試みた論考（「源頼家像の再検討」「源頼家」）を基礎として、頼家とその周辺人物を軸に、彼らの生きた時代を素描したものである。

そもそも、河海の世界や地域社会、交通を主たる研究対象とする私が、どう見ても「畑違い」である頼家を論ずるに至った端緒は、二〇一〇年の秋頃、母校青山学院大学の大先輩である野口実氏から届いた一通のメールにある。

その内容は、同氏編『治承～文治の内乱と鎌倉幕府の成立』にて、比企氏にも触れつつ、新しい頼家像を描いてほしい、というものだった。恩師藤原良章先生のゼミでは『吾妻鏡』は必読だったし、交通や地域が対象であっても、中世前期を扱う以上、鎌倉幕府に関心がないわけではなかったが、それまでの論文で頼家に言及したのはたった一度きりだったから（その一度が決定打か）、その当時はさすがに面食らった。だが、結局はこのメールなくして本書は生まれ得なかったわけで、研究者としての裾野を広げる機会をいただいたことに感謝したい。

さて、引き受けたはいいが、問題は中身である。当初、私自身も通説的な認識しか持っていなかったが、「新しい頼家像」という以上、通説通りの「暗君」ぶりをひたすら描くのは本意ではない。「売り」となるべき要素を探そうと、頼家像の再検討が始まった。

いざ取りかかってみると、見直しの材料は意外に揃っていた。『吾妻鏡』の頼家将軍記をざっと見ただけでも、「暗君」像に直結する一部の著名記事はともかく、穏当な記事もそれなりに多く、言われているほど悪くは書かれていない。すなわち、通説的な先入観を取り払って記事に向き合い、掘り下げていくことで異なる評価も引き出せる。同時に、従来ほとんど無視されていた文書史料を活用すれば、新たな発見も期待できる。また研究状況を見ても、弟実朝の再評価が進んで、頼家にも「暗君」の枠組みにとらわれない見方が出ており、芸能や狩猟の評価についても見直しが進んでいたから、それらの成果に導かれながら捉え直すことも可能である。

こうした観点からの読み直しで浮かび上がった頼家の姿は、父頼朝の路線を継承して意欲的に取り組むという、従来の評価とは対照的な一面であり、「明君」とまでは言えなくとも、単純に「暗君」として片づけることはできないという結論に至ったのである。

もちろん、歴史上現実に存在した「暗君」の評価が消し去られるわけではなく、またあくまでも一つの見方であり、引き出せていない情報も少なくないから、まだまだ検討と議論の余地は多く残されている。それでも、頼家とその時代に見るべき点や意義を見出し、問題を提起することはできたように思う。頼家に限らず、同様な再検討を通して、通説的なものとは異なる評価を提示し得る事項は決して少なくないだろう。

ところで、こうした見直し作業では、頼家将軍記の徹底した読み込み・史料批判が必須だが、その過程で大きかったのが、吉川本をベースに『吾妻鏡』を精読する輪読会の存在だった。高橋秀樹氏を中心に、同世代の研究者や気鋭の院生が集い、諸本を観察し、原史料を考えながら記事の質を見極め、時にたった一字の扱いをめぐり頭をひねる、という積み重ねから得た知見や発想は、頼家将軍記を掘り下げる際の下地となった。

さらに高橋氏には、東京大学史料編纂所の一般共同研究「島津家本吾妻鏡の基礎的研究」「吾妻鏡諸本の研究」にもお誘いいただき、各地の写本を調査する機会にも恵まれた。特に南部本との出逢いは衝撃で、頼家将軍記のテキスト検証にも不可欠であった。本書には両研究の成果も含まれており、高橋氏をはじめ関係各位にお礼申し上げる次第である。

本書の直接的な出発点は、二〇一九年の春頃、右の拙稿に目をとめられた吉川弘文館の岡庭由佳氏から、頼家論を一書にまとめるようお勧めいただいたところにある（つまり本書の企画は本来、例の大河ドラマとは関係ない）。その前年、学部時代の恩師で、折に触れて頼家論の進展に向け背中を押して下さっていた上杉和彦先生の突然の訃報に接し、大きな「宿題」を抱える形になっていたところでもあり、実に有り難いお声がけだった。

ところが、そこからが長かった。これまで正面から扱われることのなかったテーマで一書をなすことの困難さを思い知り、またコロナ禍の影響を含む諸事情により作業は大幅に遅れ、ようやく本腰が入った頃には、すでに「鎌倉殿」ブーム（？）が到来していた。さすがに焦りをおぼえ、件の大河ドラマには文字通り目もくれずに執筆を急ぐも、気づけば無駄に大作になっており、今度は削る作業に苦心する始末で、何とか原稿提出にこぎつけた時には、もはや「家康」の天下が目前に迫っていた。長期間にわたってお待たせせし、多大なご迷惑をおかけしてしまった岡庭氏にはお詫びのしようもない。

本書の編集の労をとって下さった伊藤俊之氏も、実は大学の先輩である。つまり本書の成り立ちの起点と終点で、母校の先輩に深く関わっていただいたことになる。こうした縁に恵まれて本書が出来上がったことにも感謝したい。

二〇二三年三月

藤　本　頼　人

主要参考文献

阿部美香「走湯山をめぐる神話世界とその生成」（伊藤聡編『中世神話と神祇・神道世界』竹林舎、二〇一一年）
網野善彦「列島の広域的地域名について」（『網野善彦著作集』一五、岩波書店、二〇〇七年、初出一九九六年）
石井　進『鎌倉幕府』（『日本の歴史』七）中央公論社、一九六五年
石井　進『中世武士団』（『日本の歴史』一二）小学館、一九七四年
石井　進「比企一族と信濃、そして北陸道」（『石井進著作集』五、岩波書店、二〇〇五年、初出一九九〇年）
伊藤邦彦『鎌倉幕府守護の基礎的研究』岩田書院、二〇一〇年
伊藤邦彦『「建久四年曾我事件」と初期鎌倉幕府』岩田書院、二〇一八年
入間田宣夫「守護・地頭と領主制」（歴史学研究会・日本史研究会編『講座日本歴史』3・中世Ⅰ、東京大学出版会、一九八四年）
岩田慎平「北条時房論」（『古代文化』六八―二、二〇一六年）
上杉和彦『日本中世法体系成立史論』校倉書房、一九九六年
上杉和彦『大江広元』（『人物叢書』）吉川弘文館、二〇〇五年

上杉和彦『鎌倉幕府統治構造の研究』校倉書房、二〇一五年
上横手雅敬『日本中世政治史研究』塙書房、一九七〇年
上横手雅敬『鎌倉時代』吉川弘文館、一九九四年
岡田清一『北条義時』（『ミネルヴァ日本評伝選』）ミネルヴァ書房、二〇一九年
落合義明『中世東国武士と本拠』同成社、二〇二〇年
落合義明「鎌倉幕府と武蔵武士」（『大東史学』四、二〇二二年）
小野　翠「竹御所と石山尼」（平雅行編『公武権力の変容と仏教界』清文堂、二〇一四年）
柏美恵子「頼家政権の一考察」（『史路』三、一九七九年）
川合　康『鎌倉幕府成立史の研究』校倉書房、二〇〇四年
川合　康『源平の内乱と公武政権』（『日本中世の歴史』三）吉川弘文館、二〇〇九年
川合　康『院政期武士社会と鎌倉幕府』吉川弘文館、二〇一九年
川合　康『源頼朝』（『ミネルヴァ日本評伝選』）ミネルヴァ書房、二〇二一年
菊池紳一「鎌倉幕府の発給文書について―源頼朝発給文書を中心に―」（北条氏研究会編『北条時宗の時代』八木書店、二〇〇八年）
菊池紳一「北条時政発給文書について」（北条氏研究会編『北条氏発給文書の研究』勉誠出版、二〇一九年）
金　永「摂家将軍期における源氏将軍観と北条氏」（『ヒストリア』一七四、二〇〇一年）
木村茂光『初期鎌倉政権の政治史』同成社、二〇一一年

宮内庁書陵部編『皇室制度史料』儀制・誕生四、宮内庁、二〇一一年
黒嶋　敏「北条政子」（平雅行編『公武権力の変容と仏教界』清文堂、二〇一四年）
黒田日出男『王の身体　王の肖像』（『ちくま学芸文庫』）筑摩書房、二〇〇九年
黒田日出男『源頼朝の真像』（『角川選書』四九〇）角川学芸出版、二〇一一年
河内祥輔『日本中世の朝廷・幕府体制』吉川弘文館、二〇〇七年
小林直樹「『吾妻鏡』における頼家狩猟伝承」（『国語国文』八〇―一、二〇一一年）
五味文彦『増補吾妻鏡の方法』吉川弘文館、二〇〇〇年
五味文彦「京・鎌倉の王権」（『日本の時代史』八、吉川弘文館、二〇〇三年）
五味文彦『源実朝』（『角川選書』五六二）角川学芸出版、二〇一五年
齋藤慎一『中世武士の城』（『歴史文化ライブラリー』二一八）吉川弘文館、二〇〇六年
佐伯智広「『吾妻鏡』空白の三年間」（『立命館文学』六七七、二〇二二年）
坂井孝一『源実朝』（『講談社選書メチエ』五七八）講談社、二〇一四年a
坂井孝一『曽我物語の史的研究』吉川弘文館、二〇一四年b
坂井孝一『源氏将軍断絶』ＰＨＰ研究所、二〇二一年
櫻井陽子「頼朝の征夷大将軍任官をめぐって」（『明月記研究』九、二〇〇四年）
佐々木文昭『中世公武新制の研究』吉川弘文館、二〇〇八年
佐藤進一『増訂鎌倉幕府守護制度の研究』東京大学出版会、一九七一年
佐藤進一『日本の中世国家』岩波書店、一九八三年

佐藤雄基『日本中世初期の文書と訴訟』山川出版社、二〇一二年
ジェフリー・P・マス「鎌倉幕府初期の訴訟制度」(『古文書研究』一二、一九七八年)
清水　亮『鎌倉幕府御家人制の政治史的研究』校倉書房、二〇〇七年
清水　亮『中世武士　畠山重忠』(『歴史文化ライブラリー』四七七)吉川弘文館、二〇一八年
白井省三「鎌倉幕府要人とその周辺の蹴鞠」(『中京大学教養論叢』二一―二、一九八〇年)
杉橋隆夫「鎌倉執権政治の成立過程」(御家人制研究会編『御家人制の研究』吉川弘文館、一九八一年)
杉橋隆夫「鎌倉右大将家と征夷大将軍・補考」(『立命館文学』六二四、二〇一二年)
関　幸彦『承久の乱と後鳥羽院』(『敗者の日本史』六)吉川弘文館、二〇一二年
多賀宗隼『栄西』(『人物叢書』)吉川弘文館、一九六五年
高橋一樹『東国武士団と鎌倉幕府』(『動乱の東国史』二)吉川弘文館、二〇一三年
高橋慎一朗『中世の都市と武士』吉川弘文館、一九九六年
高橋慎一朗『武家の古都、鎌倉』(『日本史リブレット』二一)山川出版社、二〇〇五年
高橋慎一朗「竹御所と比企谷新釈迦堂」(『紫苑』一四、二〇一六年a)
高橋慎一朗『日本中世の権力と寺院』吉川弘文館、二〇一六年b
高橋典幸『鎌倉幕府軍制と御家人制』吉川弘文館、二〇〇八年
高橋秀樹『日本中世の家と親族』吉川弘文館、一九九六年
高橋秀樹「吾妻鏡と和田合戦」(『郷土神奈川』四四、二〇〇六年)
高橋秀樹「歴史叙述と時刻」(佐伯真一編『中世の軍記物語と歴史叙述』竹林舎、二〇一一年)

高橋秀樹『三浦一族の中世』（『歴史文化ライブラリー』四〇〇）吉川弘文館、二〇一五年ａ
高橋秀樹「不読助字からみた『吾妻鏡』の史料論」（『年報三田中世史研究』二二、二〇一五年ｂ）
高橋秀樹『三浦一族の研究』吉川弘文館、二〇一六年
高橋秀樹『北条氏と三浦氏』（『対決の東国史』二）吉川弘文館、二〇二一年
千葉徳爾『狩猟伝承研究』風間書房、一九六九年
千葉徳爾『狩猟伝承』（『ものと人間の文化史』一四）法政大学出版局、一九七五年
永井　晋『鎌倉源氏三代記』（『歴史文化ライブラリー』二九九）吉川弘文館、二〇一〇年
中澤克昭『肉食の社会史』山川出版社、二〇一八年
七海雅人『鎌倉幕府御家人制の展開』吉川弘文館、二〇〇一年
西田友広『鎌倉幕府の検断と国制』吉川弘文館、二〇一一年
仁平義孝「鎌倉前期幕府政治の特質」（『古文書研究』三一、一九八九年）
野口　実「竹御所小論」（『青山史学』一三、一九九二年）
野口　実『坂東武士団の成立と発展』戎光祥出版、二〇一三年
橋本義彦『源通親』（『人物叢書』）吉川弘文館、一九九二年
原　勝郎『日本中世史の研究』同文館、一九二九年
菱沼一憲『中世地域社会と将軍権力』汲古書院、二〇一一年
服藤早苗『家成立史の研究』校倉書房、一九九一年
藤本頼人「九州における三浦一族の展開」（『三浦一族研究』一四、二〇一〇年）

藤本頼人「源頼家像の再検討」(『鎌倉遺文研究』三三、二〇一四年)
藤本頼人「源頼家」(野口実編『治承~文治の内乱と鎌倉幕府の成立』清文堂、二〇一四年)
藤本頼人「『吾妻鏡』頼家将軍記の史料論」(『青山史学』四〇、二〇二二年)
藤原良章『中世的思惟とその社会』吉川弘文館、一九九七年
細川重男『頼朝の武士団』(『朝日新書』八四一)朝日新聞出版、二〇二一年
三浦周行『鎌倉時代史』早稲田大学出版部、一九〇七年
元木泰雄「五位中将考」(大山喬平教授退官記念会編『日本国家の史的特質』古代・中世、思文閣、一九九七年)
森　幸夫「源頼家発給文書の考察」(北条氏研究会編『北条氏発給文書の研究』勉誠出版、二〇一九年)
八代国治『吾妻鏡の研究』明世堂書店、一九一三年
藪本勝治『『吾妻鏡』の合戦叙述と〈歴史〉構築』和泉書院、二〇二二年
山野龍太郎「三尾谷氏の政治的動向」(『鎌倉遺文研究』四七、二〇二一年)
山本幸司『頼朝の天下草創』(『日本の歴史』〇九)講談社、二〇〇一年
山本みなみ『史伝北条義時』小学館、二〇二一年
義江彰夫『鎌倉幕府守護職成立史の研究』吉川弘文館、二〇〇九年
龍　肅「源頼家伝の批判」(『鎌倉時代』上、春秋社、一九五七年)
渡辺融・桑山浩然『蹴鞠の研究』東京大学出版会、一九九四年

著者紹介

一九七二年、東京都に生まれる
二〇〇四年、青山学院大学大学院博士後期課程修了　博士（歴史学）
現在、文部科学省初等中等教育局教科書調査官

〔主要著書・論文〕
『中世の河海と地域社会』（高志書院、二〇一一年）
「源頼家像の再検討」（『鎌倉遺文研究』三三、二〇一四年）
「水陸のみちを考える」（『増補改訂新版　日本中世史入門』勉誠出版、二〇二一年）
「『吾妻鏡』頼家将軍記の史料論」（『青山史学』四〇、二〇二二年）

歴史文化ライブラリー
571

源頼家とその時代
二代目鎌倉殿と宿老たち

二〇二三年（令和五）六月一日　第一刷発行

著　者　藤《ふじ》本《もと》頼《より》人《ひと》
発行者　吉川道郎
発行所　株式会社 吉川弘文館
東京都文京区本郷七丁目二番八号
郵便番号一一三―〇〇三三
電話〇三―三八一三―九一五一〈代表〉
振替口座〇〇一〇〇―五―二四四
http://www.yoshikawa-k.co.jp/
印刷＝株式会社 平文社
製本＝ナショナル製本協同組合
装幀＝清水良洋・高橋奈々

ISBN978-4-642-05971-8

歴史文化ライブラリー

1996.10

刊行のことば

現今の日本および国際社会は、さまざまな面で大変動の時代を迎えておりますが、近づきつつある二十一世紀は人類史の到達点として、物質的な繁栄のみならず文化や自然・社会環境を謳歌できる平和な社会でなければなりません。しかしながら高度成長・技術革新にともなう急激な変貌は「自己本位な刹那主義」の風潮を生みだし、先人が築いてきた歴史や文化に学ぶ余裕もなく、いまだ明るい人類の将来が展望できていないようにも見えます。このような状況を踏まえ、よりよい二十一世紀社会を築くために、人類誕生から現在に至る「人類の遺産・教訓」としてのあらゆる分野の歴史と文化を「歴史文化ライブラリー」として刊行することといたしました。

小社は、安政四年（一八五七）の創業以来、一貫して歴史学を中心とした専門出版社として書籍を刊行しつづけてまいりました。その経験を生かし、学問成果にもとづいた本叢書を刊行し社会的要請に応えて行きたいと考えております。

現代は、マスメディアが発達した高度情報化社会といわれますが、私どもはあくまでも活字を主体とした出版こそ、ものの本質を考える基礎と信じ、本叢書をとおして社会に訴えてまいりたいと思います。これから生まれでる一冊一冊が、それぞれの読者を知的冒険の旅へと誘い、希望に満ちた人類の未来を構築する糧となれば幸いです。

吉川弘文館

歴史文化ライブラリー

中世の富と権力 寄進する人びと——湯浅治久
中世は核家族だったのか 民衆の暮らしと生き方——西谷正浩
出雲の中世 地域と国家のはざま——佐伯徳哉
中世武士の城——齋藤慎一
戦国の城の一生 つくる・壊す・蘇る——竹井英文
九州戦国城郭史 大名・国衆たちの築城記——岡寺 良
徳川家康と武田氏 信玄・勝頼との十四年戦争——本多隆成
戦国大名毛利家の英才教育 元就・隆元・輝元と妻たち——五條小枝子
戦国大名の兵粮事情——久保健一郎
戦国時代の足利将軍——山田康弘
足利将軍と御三家 吉良・石橋・渋川氏——谷口雄太
〈武家の王〉足利氏 戦国大名と足利的秩序——谷口雄太
室町将軍の御台所 日野康子・重子・富子——田端泰子
名前と権力の中世史 室町将軍の朝廷戦略——水野智之
摂関家の中世 藤原道長から豊臣秀吉まで——樋口健太郎
戦国貴族の生き残り戦略——岡野友彦
鉄砲と戦国合戦——宇田川武久
検証 長篠合戦——平山 優
織田信長と戦国の村 天下統一のための近江支配——深谷幸治
検証 本能寺の変——谷口克広
明智光秀の生涯——諏訪勝則
加藤清正 朝鮮侵略の実像——北島万次
落日の豊臣政権 秀吉の憂鬱、不穏な京都——河内将芳
豊臣秀頼——福田千鶴
天下人たちの文化戦略 科学の眼でみる桃山文化——北野信彦
イエズス会がみた「日本国王」 天皇・将軍・信長・秀吉——松本和也
海賊たちの中世——金谷匡人
アジアのなかの戦国大名 西国の群雄と経営戦略——鹿毛敏夫
琉球王国と戦国大名 島津侵入までの半世紀——黒嶋 敏
天下統一とシルバーラッシュ 銀と戦国の流通革命——本多博之

近世史

慶長遣欧使節 伊達政宗が夢見た国際外交——佐々木 徹
徳川忠長 兄家光の苦悩、将軍家の悲劇——小池 進
女と男の大奥 大奥法度を読み解く——福田千鶴
大奥を創った女たち——福田千鶴
江戸のキャリアウーマン 奥女中の仕事・出世・老後——柳谷慶子
細川忠利 ポスト戦国世代の国づくり——稲葉継陽
家老の忠義 大名細川家存続の秘訣——林 千寿

歴史文化ライブラリー

隠れた名君 前田利常 加賀百万石の運営手腕——木越隆三
明暦の大火 「都市改造」という神話——岩本 馨
〈伊達騒動〉の真相——平川 新
江戸の町奉行——南 和男
大名行列を解剖する 江戸の人材派遣——根岸茂夫
江戸大名の本家と分家——野口朋隆
〈甲賀忍者〉の実像——藤田和敏
江戸の武家名鑑 武鑑と出版競争——藤實久美子
江戸の出版統制 弾圧に翻弄された戯作者たち——佐藤至子
武士という身分 城下町萩の大名家臣団——森下 徹
旗本・御家人の就職事情——山本英貴
武士の奉公 本音と建前 江戸時代の出世と処世術——高野信治
近江商人と出世払い 出世証文を読み解く——宇佐美英機
犬と鷹の江戸時代 〈犬公方〉綱吉と〈鷹将軍〉吉宗——根崎光男
紀州藩主 徳川吉宗 明君伝説・宝永地震・隠密御用——藤本清二郎
近世の巨大地震——矢田俊文
土砂留め奉行 河川災害から地域を守る——水本邦彦
外来植物が変えた江戸時代 里湖・里海の資源と都市消費——佐野静代
闘いを記憶する百姓たち 江戸時代の裁判学習帳——八鍬友広
江戸時代の瀬戸内海交通——倉地克直
江戸のパスポート 旅の不安はどう解消されたか——柴田 純
江戸の捨て子たち その肖像——沢山美果子
江戸の乳と子ども いのちをつなぐ——沢山美果子
江戸時代の医師修業 学問・学統・遊学——海原 亮
江戸幕府の日本地図 国絵図・城絵図・日本図——川村博忠
踏絵を踏んだキリシタン——安高啓明
墓石が語る江戸時代 大名・庶民の墓事情——関根達人
石に刻まれた江戸時代 無縁・遊女・北前船——関根達人
近世の仏教 華ひらく思想と文化——末木文美士
松陰の本棚 幕末志士たちの読書ネットワーク——桐原健真
龍馬暗殺——桐野作人
日本の開国と多摩 生糸・農兵・武州一揆——藤田 覚
幕末の海軍 明治維新への航跡——神谷大介
海辺を行き交うお触れ書き 浦触の語る徳川情報網——水本邦彦
江戸の海外情報ネットワーク——岩下哲典

近・現代史

江戸無血開城 本当の功労者は誰か？——岩下哲典
五稜郭の戦い 蝦夷地の終焉——菊池勇夫

歴史文化ライブラリー

水戸学と明治維新——吉田俊純
大久保利通と明治維新——佐々木 克
刀の明治維新「帯刀」は武士の特権か？——尾脇秀和
維新政府の密偵たち 御庭番と警察のあいだ——大日方純夫
京都に残った公家たち 華族の近代——刑部芳則
文明開化 失われた風俗——百瀬 響
西南戦争 戦争の大義と動員される民衆——猪飼隆明
大久保利通と東アジア 国家構想と外交戦略——勝田政治
明治の政治家と信仰 クリスチャン民権家の肖像——小川原正道
大元帥と皇族軍人 明治編——小田部雄次
皇居の近現代史 開かれた皇室像の誕生——河西秀哉
日本赤十字社と皇室 博愛か報国か——小菅信子
リーダーたちの日清戦争——佐々木雄一
陸軍参謀 川上操六 日清戦争の作戦指導者——大澤博明
軍隊を誘致せよ 陸海軍と都市形成——松下孝昭
軍港都市の一五〇年 横須賀・呉・佐世保・舞鶴——上杉和央
〈軍港都市〉横須賀 軍隊と共生する街——高村聰史
第一次世界大戦と日本参戦 揺らぐ日英同盟と日独の攻防——飯倉 章
お米と食の近代史——大豆生田 稔
日本酒の近現代史 酒造地の誕生——鈴木芳行
失業と救済の近代史——加瀬和俊
近代日本の就職難物語「高等遊民」になるけれど——町田祐一
難民たちの日中戦争 戦火に奪われた日常——芳井研一
昭和天皇とスポーツ〈玉体〉の近代史——坂上康博
大元帥と皇族軍人 大正・昭和編——小田部雄次
昭和陸軍と政治「統帥権」というジレンマ——高杉洋平
松岡洋右と日米開戦 大衆政治家の功と罪——服部 聡
唱歌「蛍の光」と帝国日本——大日方純夫
稲の大東亜共栄圏 帝国日本の〈緑の革命〉——藤原辰史
地図から消えた島々 幻の日本領と南洋探検家たち——長谷川亮一
自由主義は戦争を止められるのか 芦田均・清沢洌・石橋湛山——上田美和
軍用機の誕生 日本軍の航空戦略と技術開発——水沢 光
国産航空機の歴史 零戦・隼からYS－一一まで——笠井雅直
首都防空網と〈空都〉多摩——鈴木芳行
帝都防衛 戦争・災害・テロ——土田宏成
帝国日本の技術者たち——沢井 実
強制された健康 日本ファシズム下の生命と身体——藤野 豊
「自由の国」の報道統制 大戦下の日系ジャーナリズム——水野剛也

歴史文化ライブラリー

学徒出陣 戦争と青春――蜷川壽惠
特攻隊の〈故郷〉 霞ヶ浦・筑波山・北浦・鹿島灘――伊藤純郎
陸軍中野学校と沖縄戦 知られざる少年兵「護郷隊」――川満 彰
沖縄戦の子どもたち――川満 彰
沖縄からの本土爆撃 米軍出撃基地の誕生――林 博史
原爆ドーム 物産陳列館から広島平和記念碑へ――頴原澄子
米軍基地の歴史 世界ネットワークの形成と展開――林 博史
沖縄米軍基地全史――野添文彬
考証 東京裁判 戦争と戦後を読み解く――宇田川幸大
ふたつの憲法と日本人 戦前・戦後の憲法観――川口暁弘
戦後文学のみた〈高度成長〉――伊藤正直
首都改造 東京の再開発と都市政治――源川真希
鯨を生きる 鯨人の個人史・鯨食の同時代史――赤嶺 淳

文化史・誌

山寺立石寺 霊場の歴史と信仰――山口博之
神になった武士 平将門から西郷隆盛まで――高野信治
跋扈する怨霊 祟りと鎮魂の日本史――山田雄司
将門伝説の歴史――樋口州男
殺生と往生のあいだ 中世仏教と民衆生活――苅米一志
浦島太郎の日本史――三舟隆之
〈ものまね〉の歴史 仏教・笑い・芸能――石井公成
戒名のはなし――藤井正雄
墓と葬送のゆくえ――森 謙二
運 慶 その人と芸術――副島弘道
ほとけを造った人びと 止利仏師から運慶・快慶まで――根立研介
祇園祭 祝祭の京都――川嶋將生
洛中洛外図屛風 つくられた〈京都〉を読み解く――小島道裕
化粧の日本史 美意識の移りかわり――山村博美
乱舞の中世 白拍子・乱拍子・猿楽――沖本幸子
神社の本殿 建築にみる神の空間――三浦正幸
古建築を復元する 過去と現在の架け橋――海野 聡
生きつづける民家 保存と再生の建築史――中村琢巳
大工道具の文明史 日本・中国・ヨーロッパの建築技術――渡邉 晶
苗字と名前の歴史――坂田 聡
日本人の姓・苗字・名前 人名に刻まれた歴史――大藤 修
日本料理の歴史――熊倉功夫
日本の味 醤油の歴史――林 玲子・天野雅敏編
中世の喫茶文化 儀礼の茶から「茶の湯」へ――橋本素子

歴史文化ライブラリー

香道の文化史——本間洋子
天皇の音楽史 古代・中世の帝王学——豊永聡美
話し言葉の日本史——野村剛史
ガラスの来た道 古代ユーラシアをつなぐ輝き——小寺智津子
たたら製鉄の歴史——角田徳幸
金属が語る日本史 銭貨・日本刀・鉄炮——齋藤 努
書物と権力 中世文化の政治学——前田雅之
気候適応の日本史 人新世をのりこえる視点——中塚 武
災害復興の日本史——安田政彦

民俗学・人類学

古代ゲノムから見たサピエンス史——太田博樹
日本人の誕生 人類はるかなる旅——埴原和郎
倭人への道 人骨の謎を追って——中橋孝博
役行者と修験道の歴史——宮家 準
幽霊 近世都市が生み出した化物——髙岡弘幸
川は誰のものか 人と環境の民俗学——菅 豊
柳田国男 その生涯と思想——川田 稔
遠野物語と柳田國男 日本人のルーツをさぐる——新谷尚紀

世界史

神々と人間のエジプト神話 魔法・冒険・復讐の物語——大城道則
中国古代の貨幣 お金をめぐる人びとと暮らし——柿沼陽平
渤海国とは何か——古畑 徹
アジアのなかの琉球王国——高良倉吉
琉球国の滅亡とハワイ移民——鳥越皓之
イングランド王国前史 アングロサクソン七王国物語——桜井俊彰
ヒトラーのニュルンベルク 第三帝国の光と闇——芝 健介
帝国主義とパンデミック 医療と経済の東南アジア史——千葉芳広
人権の思想史——浜林正夫

考古学

タネをまく縄文人 最新科学が覆す農耕の起源——小畑弘己
イヌと縄文人 狩猟の相棒、神へのイケニエ——小宮 孟
顔の考古学 異形の精神史——設楽博己
〈新〉弥生時代 五〇〇年早かった水田稲作——藤尾慎一郎
文明に抗した弥生の人びと——寺前直人
樹木と暮らす古代人 木製品が語る弥生・古墳時代——樋上 昇
アクセサリーの考古学 倭と古代朝鮮の交渉史——高田貫太
古 墳——土生田純之

歴史文化ライブラリー

東国から読み解く古墳時代——若狭　徹
東京の古墳を探る——松崎元樹
埋葬からみた古墳時代 女性・親族・王権——清家　章
鏡の古墳時代——下垣仁志
神と死者の考古学 古代のまつりと信仰——笹生　衛
土木技術の古代史——青木　敬
大極殿の誕生 古代天皇の象徴に迫る——重見　泰
国分寺の誕生 古代日本の国家プロジェクト——須田　勉
東大寺の考古学 よみがえる天平の大伽藍——鶴見泰寿
海底に眠る蒙古襲来 水中考古学の挑戦——池田榮史
中世かわらけ物語 もっとも身近な日用品の考古学——中井淳史
ものがたる近世琉球 喫煙・園芸・豚飼育の考古学——石井龍太

古代史

邪馬台国の滅亡 大和王権の征服戦争——若井敏明
日本語の誕生 古代の文字と表記——沖森卓也
日本国号の歴史——小林敏男
日本神話を語ろう イザナキ・イザナミの物語——中村修也
六国史以前 日本書紀への道のり——関根　淳
東アジアの日本書紀 歴史書の誕生——遠藤慶太
〈聖徳太子〉の誕生——大山誠一
倭国と渡来人 交錯する「内」と「外」——田中史生
大和の豪族と渡来人 葛城・蘇我氏と大伴・物部氏——加藤謙吉
物部氏 古代氏族の起源と盛衰——篠川　賢
東アジアからみた「大化改新」——仁藤敦史
白村江の真実　新羅王・金春秋の策略——中村修也
よみがえる古代山城 国際戦争と防衛ライン——向井一雄
よみがえる古代の港 古地形を復元する——石村　智
古代氏族の系図を読み解く——鈴木正信
古代豪族と武士の誕生——森　公章
飛鳥の宮と藤原京 よみがえる古代王宮——林部　均
出雲国誕生——大橋泰夫
古代出雲——前田晴人
古代の皇位継承 天武系皇統は実在したか——遠山美都男
壬申の乱を読み解く——早川万年
戸籍が語る古代の家族——今津勝紀
古代の人・ひと・ヒト 名前と身体から歴史を探る——三宅和朗
万葉集と古代史——直木孝次郎
郡司と天皇 地方豪族と古代国家——磐下　徹